学前教育专业“互联网+”
新形态一体化系列规划教材

蒙台梭利教育理论与实践工作手册

主　编◎索丽珍　林　晖
副主编◎郑启宁　郭桂玉　蔡　萍

厦门大学出版社
XIAMEN UNIVERSITY PRESS
国家一级出版社
全国百佳图书出版单位

图书在版编目（CIP）数据

蒙台梭利教育理论与实践工作手册 / 索丽珍，林晖主编. -- 厦门 ：厦门大学出版社，2023.2（2025.2 重印）

学前教育专业“互联网＋”新形态一体化系列规划教材

ISBN 978-7-5615-8884-0

Ⅰ. ①蒙… Ⅱ. ①索… ②林… Ⅲ. ①学前教育-教学法-教材 Ⅳ. ①G612

中国版本图书馆CIP数据核字(2022)第224788号

责任编辑　林　鸣
美术编辑　李夏凌
技术编辑　许克华

出版发行　厦门大学出版社
社　　址　厦门市软件园二期望海路 39 号
邮政编码　361008
总　　机　0592-2181111　0592-2181406(传真)
营销中心　0592-2184458　0592-2181365
网　　址　http://www.xmupress.com
邮　　箱　xmup@xmupress.com
印　　刷　湖南省众鑫印务有限公司

开本　787 mm×1 092 mm　1/16
印张　10.5
插页　8
字数　180 千字
版次　2023 年 2 月第 1 版
印次　2025 年 2 月第 2 次印刷
定价　52.00 元

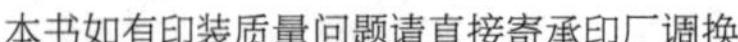
本书如有印装质量问题请直接寄承印厂调换

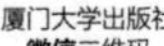
厦门大学出版社
微信二维码

厦门大学出版社
微博二维码

主　编

索丽珍：厦门大学教育研究院博士生，漳州城市职业学院学前教育系副教授，学前儿童潜能开发研究所所长、艺术教育专业带头人、艺术与实践教研室主任，长期致力于蒙台梭利教育法教学及研究工作。

林晖：漳州城市职业学院学前教育系讲师，从事学前教育专业学前美术教学工作，长期致力于幼儿园玩教具设计与制作研究。

副主编

郑启宁：漳州城市职业学院学前教育系教师，从事学前教育专业学前美术教学工作，长期致力于幼儿园玩教具设计与制作研究。

郭桂玉：漳州市幼儿园副园长，漳州市学科带头人，长期致力于学前教育、幼儿园管理和蒙台梭利教育法教学及研究工作。

蔡萍：漳州市实验幼儿园一级教师、教研主任，漳州市学科带头人，长期致力于学前儿童科学教育、学前儿童艺术教育研究。

前　言

高职学前教育专业、早期教育专业培养面向幼儿园、早教机构、托育机构的高素质劳动者和技术技能人才。“蒙台梭利教育法”是学前教育专业、早期教育专业的职业技术课程，旨在培养学生具备蒙氏机构环境创设以及设计、组织、评价蒙台梭利教育活动的职业能力。《蒙台梭利教育理论与实践工作手册》是为了实现上述目标而设计的学习用书。本工作手册的创新之处体现在：

1. 思政融入

本书编写每个任务均深挖思政元素，设计引导问题引发学生对学习内容的深入思考，使学生逐步树立师德理念、职业理想，形成批判性思维、创新创业精神、环保节约意识等。此外，本书创造性地增加蒙台梭利教育本土化模块，引导学生将蒙台梭利教育法活学活用。

2. 书证融通

“1 + X”《幼儿照护职业技能等级标准》中提出的技能等级要求包括：熟悉并了解蒙台梭利教育理论，能认识并熟练操作蒙台梭利教具并配合开展教育活动（初级），能创设蒙氏机构环境（中级）。本书编写过程中充分结合证书要求，引导学生学习蒙台梭利教育理论、蒙台梭利教育环境、蒙台梭利教具操作等。

3. 活页式手册

2020年教育部等九部门印发《职业教育提质培优行动计划（2020—2023年）》，提出实施职业教育“三教”改革攻坚行动，新形式的教材开发刻不容缓。本书编写中贯彻“三教”改革理念，抓住“新”和“活”两个核心特征。通过职业岗位需求分析，设计以学生为中心的新型活页式工作手册，并及时更新教材内容，以满足“教”与“学”的需要。

4．学生自主学习

本书配有完整的微课视频、课件等数字资源，学生可以在引导问题的帮助下，借助数字资源进行自主学习。

5．教师混合式教学

本书除配有完整数字资源外，还设计了“课堂展示”、“活动设计与实施”评分表等。教师可进行线上线下混合式教学，将信息技术与教学深度融合。借助数据分析、课堂观察等方式实现精准育人。

本书由索丽珍、林晖担任主编，郑启宁、郭桂玉、蔡萍担任副主编。主编完成本书设计及文字编写工作，副主编完成图片、幼儿园案例搜集工作。

1. 学习情境

本书依据“1＋X”《幼儿照护职业技能等级标准》《学前教育专业师范生教师职业能力标准（试行）》《幼儿园教师专业标准（试行）》《3—6岁儿童学习与发展指南》将蒙台梭利教育理论与实践划分为不同的项目。可以了解相关工作岗位要求与考证要求。

2. 学习目标

明确每个任务需要掌握的知识、技能和情感态度三维目标。

3. 任务描述

本书引入幼儿园案例，并根据学习目标设计了多个实训任务，可以了解到每个知识点是如何产生的，便于在学习之后能灵活地将其应用于实际工作，使理论与实践充分结合。

4. 任务分组

本书的每个项目都可以进行小组学习。在团队中，可以与同伴分工搜集资料、撰写报告、模拟演练、课堂展示，从而更好地提升职业能力、团队协作能力等。

5. 工作准备

通过查阅文献，观看本教材配套的数字资源等方式做好知识经验准备，完成自主学习，提升信息素养。

6. 工作实施

每个项目都根据学习过程进行设计，教师根据项目情境发布实训任务，学生可以借助引导问题逐步、规范地完成任务，在完成任务过程中，实现知识技能的提升、思维能力的拓展、职业素养的养成。

7. 评价反馈

本书为每个项目设计了评价标准，可以依据评价标准反思任务实施的合理性与规范性。

8. 知识点脉络

采用思维导图的方式对学习项目进行整体介绍，帮助学生建构知识网络。

9. 附表

本书设计了多个范例表单，在学习的过程中学生可以灵活使用表单实施任务，并将自主填写后的表单加入各个项目之中，使本书成为个性化的工作指南。

目 录

模块一　蒙台梭利教育理论

蒙台梭利博士被誉为20世纪“幼儿教育改革家”。她在多年理论研究、观察、实践基础上，提出了系统、科学的幼儿教育理论，并根据这些理论发展出一套开发幼儿生命潜能的教育方法。蒙台梭利教育理论如同指导航行船只的罗盘，教师如果不理解这些理论或者忽略这些理论，就有可能在教育过程中出现方法失当的问题，影响儿童的正常发展，甚至造成对儿童的终身伤害。因此，教师在学习蒙台梭利教育方法之前，一定要学习蒙台梭利教育理论。

任务1 蒙台梭利教育法的形成与传播

一、学习情境描述

“1+X”《幼儿照护职业技能等级标准》中明确提出岗位要求：“能熟悉并了解当前国内外早期教育相关理论，如蒙台梭利教育理论。”

二、学习目标

1. 了解蒙台梭利生平。
2. 了解蒙台梭利教育法的形成与发展过程。
3. 了解蒙台梭利教育法在世界各地的传播状况。
4. 初步形成职业信念、批判性思维。

三、任务描述

幼儿园案例

一些幼儿园教师认为，蒙台梭利教育法仅适用于特殊儿童。1907年，蒙台梭利在意大利“贫穷、黑暗、愚昧、悲惨”的罗马圣罗伦佐贫民区创办了“儿童之家”，建立了自己独特的幼儿教育理论与方法，引起了社会各界的强烈反响以及许多教育家和心理学家的广泛讨论，促进了现代幼儿教育的发展。① 事实上，蒙台梭利的工作“不仅是创造了教育方法”，更重要的是“发现了儿童”。

① 蒙台梭利．蒙台梭利幼儿教育科学方法[M]. 任代文，译．北京：人民教育出版社，2001：1.

表 1-1-1　任务单

项目	实训
蒙台梭利教育法的形成与传播	1. 了解蒙台梭利教育法的形成与发展过程。 2. 了解蒙台梭利教育法在世界各地的传播状况。
课堂展示	4～6 人一组搜集资料并进行课堂汇报。

四、任务分组

将学生按 4～6 人一组分组，搜集蒙台梭利教育法的形成与传播资料，明确小组汇报分工，并填写表 1-1-2。

表 1-1-2　任务分配表

组别	任务分配
1	
2	
3	
4	
5	
6	
7	
8	
9	

五、工作准备

经验准备 ▶ 通过观看数字资源以及检索网络信息等方式了解蒙台梭利教育法的形成与传播过程。

提出问题 ▶ 课前学习过程中遇到的问题（提交教学平台）。

蒙台梭利教育法的形成与传播数字资源

六、工作实施

项目一　蒙台梭利教育法的形成与传播

实训一　了解蒙台梭利教育法的形成与发展过程

●引导问题 1：蒙台梭利被誉为什么？

●引导问题 2：从蒙台梭利的求学之路中您感受到了什么？

●引导问题 3：蒙台梭利教育事业的开端？

●引导问题 4：蒙台梭利教育法正式创立的时间及其背景？

●引导问题 5：蒙台梭利教育法是否只适合特殊儿童？

实训二　了解蒙台梭利教育法在世界各地的传播状况

●引导问题 1：蒙台梭利教育法在国外的传播状况？

____

____

____

●引导问题 2：蒙台梭利教育法在中国的传播状况？

____

____

____

七、评价反馈

表 1-1-3　课堂展示评价表

评价标准	小组自评	组间互评	教师评价	得分
对蒙台梭利教育法的形成和传播有全面、正确的认识（20 分）				
语言表达清晰，逻辑性强，重点突出（20 分）				
对汇报内容有自己的思考与理解（20 分）				
小组成员分工明确，学习自主性高（10 分）				
信息检索手段多元，如网络、书籍、微课、慕课等（10 分）				
展示方式多样，如利用视频、PPT 等（10 分）				
仪容整洁，仪态大方（10 分）				

知识小测 ▶

1．被誉为 20 世纪“幼儿教育改革家”的是（　　）。

A．马卡连柯　　B．卢梭　　C．福禄贝尔　　D．蒙台梭利

2．在罗马贫民区创办第一所幼儿学校——“儿童之家”，创立以感官为基础

的幼儿教育教学体系的教育家是（　　）。

A. 福禄贝尔　　B. 蒙台梭利　　C. 德可乐利　　D. 凯米

3. 下列不属于蒙台梭利教育著作的是（　　）。

A.《童年的秘密》　　B.《儿童的发现》

C.《有吸收力的心理》　　D.《人的教育》

4. 当前世界规模最大的蒙台梭利学校在（　　）。

A. 意大利　　B. 美国　　C. 日本　　D. 印度

八、知识点脉络

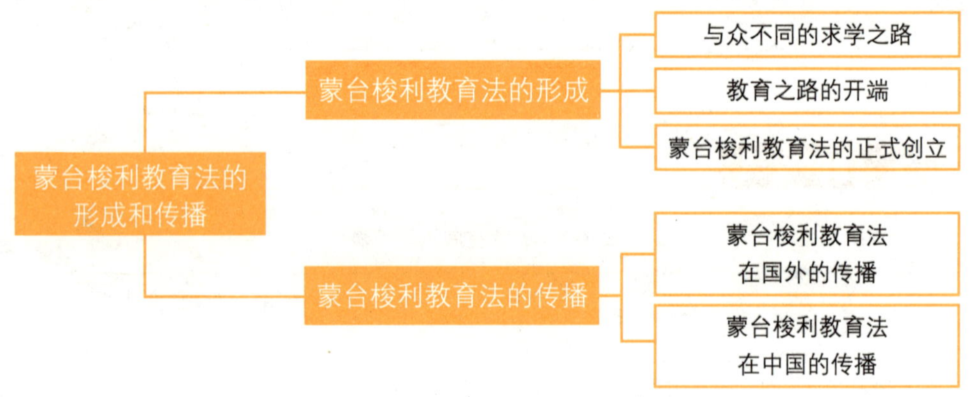

任务 2　蒙台梭利的儿童观

一、学习情境描述

“1+X”《幼儿照护职业技能等级标准》中明确提出岗位要求：“能熟悉并了解当前国内外早期教育相关理论，如蒙台梭利教育理论。”《学前教育专业师范生教师职业能力标准（试行）》提出要“认同促进幼儿全面而有个性地发展的理念”，“相信每名幼儿都有发展的潜力”。

二、学习目标

1. 理解蒙台梭利儿童观。
2. 能够将蒙台梭利儿童观应用于幼儿园实际工作之中。
3. 树立正确的儿童观，形成良好的职业理念。

三、任务描述

幼儿园案例

幼儿园才开学两周，小一班轩轩小朋友的奶奶就找园长“告状”了，听了奶奶的“控诉”后，园长明白了老人的来意。原来，轩轩在家里一直都由奶奶来照顾，穿衣、喂饭，无微不至。自从上了幼儿园，这些便成了奶奶最放心不下的事情。接连几天，听轩轩说，幼儿园的老师都不喂饭，让小朋友自己吃，奶奶非常气愤，认为孩子根本不会自己吃饭，幼儿园这是照顾不周。

园长向轩轩奶奶介绍：孩子就像是一块海绵，我们成人必须承认孩子本身所具有的能力，允许和支持孩子进行自我教育。孩子在进行自我服务或者为他人服务的日常生活练习中，不仅能提高自理能力，还能形成责任感。接下来，园长请轩轩奶奶旁观了轩轩吃午饭，看到轩轩能自己进餐，奶奶对园长伸出了大拇指。

表 1-2-1　任务单

项目	实训
蒙台梭利的儿童观	1. 理解“内在潜能”。 2. 理解“心理胚胎期”。 3. 理解“吸收性心智”。 4. 理解“敏感期”。 5. 理解“阶段性”。 6. 理解“工作”。
课堂展示	4～6 人一组搜集资料并进行课堂汇报。

四、任务分组

将学生按 4～6 人一组分组，搜集蒙台梭利儿童观资料，明确小组汇报分工，并填写表 1-2-2。

表 1-2-2　任务分配表

组别	任务分配
1	
2	
3	
4	
5	
6	
7	
8	
9	

五、工作准备

经验准备 ▶　通过观看数字资源以及检索网络信息等方式了解蒙台梭利儿童观。

提出问题 ▶　课前学习过程中遇到的问题（提交教学平台）。

蒙台梭利儿童观
数字资源

六、工作实施

项目一　蒙台梭利的儿童观

实训一　理解“内在潜能”

● 引导问题 1：儿童具有“内在潜能”的理论基础是什么？

● 引导问题 2：儿童具有“内在潜能”的含义？

● 引导问题 3：请举例说明儿童具有“内在潜能”。

● 引导问题 4：儿童具有“内在潜能”给我们带来什么启示？

实训二　理解“心理胚胎期”

● 引导问题 1：儿童具有“心理胚胎期”的理论基础是什么？

●引导问题 2：儿童具有“心理胚胎期”的含义？

●引导问题 3：请举例说明儿童具有“心理胚胎期”。

●引导问题 4：儿童具有“心理胚胎期”给我们带来什么启示？

实训三　理解“吸收性心智”

●引导问题 1：儿童具有“吸收性心智”的理论基础是什么？

●引导问题 2：儿童具有“吸收性心智”的含义？

● 引导问题 3：请举例说明儿童具有“吸收性心智”。

● 引导问题 4：儿童具有“吸收性心智”给我们带来什么启示？

实训四　理解“敏感期”

● 引导问题 1：儿童具有“敏感期”的理论基础是什么？

● 引导问题 2：儿童发展存在“敏感期”的含义？

● 引导问题 3：请举例说明儿童发展存在“敏感期”。

● 引导问题 4：儿童发展存在“敏感期”给我们带来什么启示？

实训五　理解“阶段性”

●引导问题 1：儿童发展具有“阶段性”的理论基础是什么？

●引导问题 2：儿童发展具有“阶段性”的含义？

●引导问题 3：请举例说明儿童发展具有“阶段性”。

●引导问题 4：儿童发展具有“阶段性”给我们带来什么启示？

实训六　理解“工作”

●引导问题 1：儿童发展是通过“工作”实现的理论基础是什么？

●引导问题 2：儿童的“工作”和成人的“工作”有何不同？

●引导问题 3：请举例说明何谓儿童的“工作”？

●引导问题 4：儿童发展是通过“工作”实现的给我们带来什么启示？

七、评价反馈

表 1-2-3　课堂展示评价表

评价标准	小组自评	组间互评	教师评价	得分
对蒙台梭利儿童观有全面、正确的认识（20 分）				
语言表达清晰，逻辑性强，重点突出（20 分）				
对汇报内容有自己的思考与理解（20 分）				
小组成员分工明确，学习自主性高（10 分）				
信息检索手段多元，如网络、书籍、微课、慕课等（10 分）				
展示方式多样，如利用视频、PPT 等（10 分）				
仪容整洁，仪态大方（10 分）				

知识小测 ▶

1. 蒙台梭利教育原理是以（　　）为出发点。

A. 儿童中心　　B. 儿童生命　　C. 适应自然　　D. 反对成人化

2. 提倡教育儿童要适应孩子“敏感期”的教育家是（　　）。

A. 蒙台梭利　　B. 卢梭　　C. 福禄贝尔　　D. 杜威

八、知识点脉络

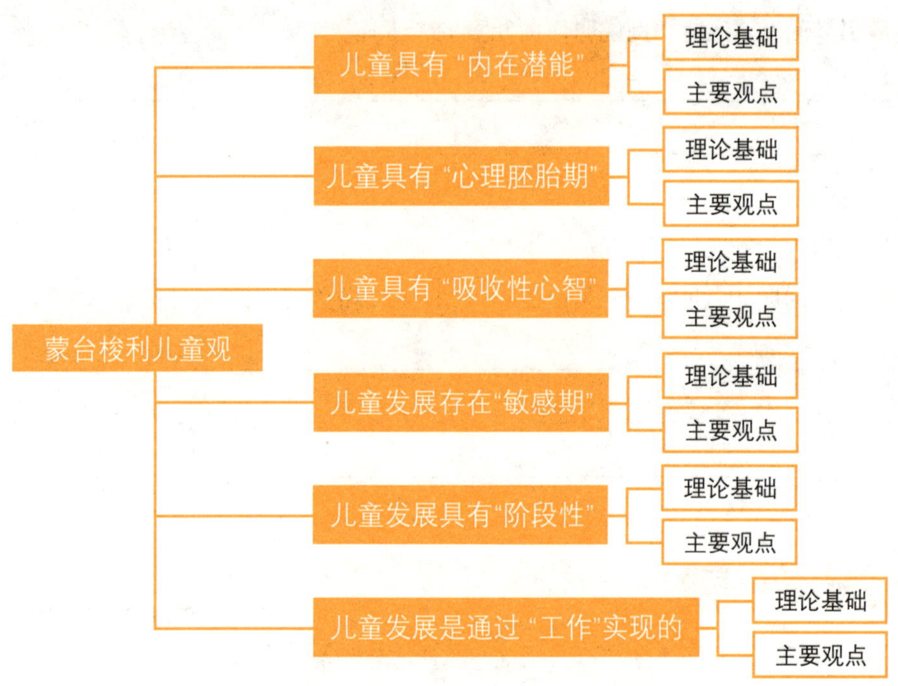

任务 3　蒙台梭利的教育观

一、学习情境描述

“1+X”《幼儿照护职业技能等级标准》中明确提出岗位要求：“能熟悉并了解当前国内外早期教育相关理论，如蒙台梭利教育理论。”《学前教育专业师范生教师职业能力标准（试行）》提出要“能够创设安全、适宜、全面，有助于促进幼儿成长、学习、游戏的物质环境”；“理解教师的态度、情绪、言行在幼儿园及班级心理环境形成中的重要性。能够构建和谐的师幼关系，帮助幼儿建立良好的同伴关系，营造良好的班级氛围，让幼儿感受到安全、舒适”；“了解幼儿教师的职业特征，理解教师是幼儿学习与发展的支持者、合作者、引导者，创造条件激发幼儿好奇心、求知欲，积极引领幼儿行为，帮助幼儿自主发展”。

二、学习目标

1. 辩证地看待蒙台梭利教育目的。
2. 理解蒙台梭利教育内容。
3. 掌握蒙台梭利教育方法。
4. 能够将蒙台梭利教育观应用于工作实际。
5. 树立正确的教育观，形成良好的职业理念。

三、任务描述

幼儿园案例

小王老师是刚毕业的大学生，在上班的第一周她就遇到了一些无法理解的现象。比如区域活动时，孩子们会在教室中自由走动，甚至站在窗边向外张望。小王老师认为，这是孩子没有秩序的表现。而班主任张老师则说：应该让孩子在宽松、自由、有准备的环境中自由探索，自主学习。自主自由的活动能够对孩子产生极大的吸引力，从而促进其专心致志地、持久地从事某项活动。听了张老师的话，小王老师陷入了思考。

表 1-3-1　任务单

项目	实训
蒙台梭利的教育观	1. 辩证地看待蒙台梭利教育目的。 2. 理解蒙台梭利教育内容。 3. 掌握蒙台梭利教育方法。
课堂展示	4～6 人一组搜集资料并进行课堂汇报。

四、任务分组

将学生按 4～6 人一组分组，搜集蒙台梭利的教育观资料，明确小组汇报分工，并填写下表。

表 1-3-2　任务分配表

组别	任务分配
1	
2	
3	
4	
5	
6	
7	
8	
9	

五、工作准备

经验准备 ▶ 通过观看数字资源以及检索网络信息等方式了解蒙台梭利教育观。

提出问题 ▶ 课前学习过程中遇到的问题（提交教学平台）。

蒙台梭利教育观
数字资源

六、工作实施

项目一　蒙台梭利的教育观

实训一　辩证地看待蒙台梭利教育目的

●引导问题 1：蒙台梭利教育目的是什么？

____

____

____

●引导问题 2：如何看待蒙台梭利所提出的教育目的？

____

____

____

实训二　理解蒙台梭利教育内容

●引导问题 1：蒙台梭利课程内容包括什么？

____

____

____

●引导问题 2：我国幼儿园一般引进的是蒙台梭利课程中的哪部分内容？

____

____

____

实训三　掌握蒙台梭利教育方法

●引导问题 1：蒙台梭利教育方法由哪些要素组成？

____

____

____

●引导问题 2：什么是“有准备的环境”？

____

____

____

●引导问题 3：蒙台梭利对教师提出了哪些要求？

____

____

____

●引导问题 4：蒙台梭利教具的基本原理是什么？

____

____

____

七、评价反馈

表 1-3-3　课堂展示评价表

评价标准	小组自评	组间互评	教师评价	得分
对蒙台梭利教育观有全面、正确的认识（20 分）				
语言表达清晰，逻辑性强，重点突出（20 分）				

续 表

评价标准	小组自评	组间互评	教师评价	得分
对汇报内容有自己的思考与理解（20 分）				
小组成员分工明确，学习自主性高（10 分）				
信息检索手段多元，如网络、书籍、微课、慕课等（10 分）				
展示方式多样，如利用视频、PPT 等（10 分）				
仪容整洁，仪态大方（10 分）				

知识小测 ▶

1．蒙台梭利教育的三个支柱是（　　　）（　　　）（　　　）。

2．蒙台梭利教育方法的核心是（　　　）。

八、知识点脉络

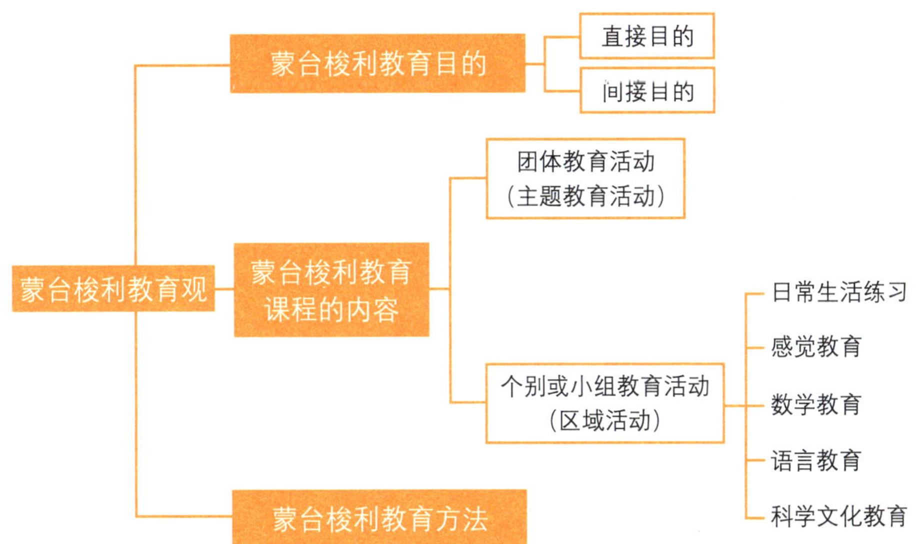

任务4　蒙台梭利的自由与纪律观

一、学习情境描述

“1+X”《幼儿照护职业技能等级标准》中明确提出岗位要求：“能熟悉并了解当前国内外早期教育相关理论，如蒙台梭利教育理论。”《学前教育专业师范生教师职业能力标准（试行）》提出要“能够提供充足的游戏时间，鼓励幼儿自主选择游戏内容、伙伴和材料，支持幼儿主动地、创造性地开展游戏，充分体验游戏的快乐和满足”。

二、学习目标

1. 了解蒙台梭利自由观的理论基础。
2. 深入理解“自由”的含义。
3. 了解蒙台梭利纪律观的理论基础。
4. 深入理解“纪律”的含义。
5. 能够将蒙台梭利自由与纪律观应用于工作实际。
6. 树立正确的教育观，形成良好的职业理念。

三、任务描述

幼儿园案例

强强是班级里新转来的孩子，热情的强强给小朋友带来快乐的同时，也制造了一些混乱。最常见的是他经常在“工作”中打扰到别的小朋友。比如，原本应该由两人共用的桌子，强强硬挤进去，让桌面变得非常拥挤，一不小心就会把工作材料碰倒在地，而且还会互相打扰。所以在强强刚来的时候，老师要经常去提醒他，反复几次提醒后，强强逐渐意识到打扰别人是不对的。慢慢地，强强越来越能控制自己的行为了，这个时候，纪律就在“工作”过程中产生了。

表 1-4-1　任务单

项目	实训
蒙台梭利的自由观	理解蒙台梭利自由观。
蒙台梭利纪律观	理解蒙台梭利纪律观。
课堂展示	4～6 人一组搜集资料并进行课堂汇报。

四、任务分组

将学生按 4～6 人一组分组，搜集蒙台梭利自由与纪律观资料，明确小组汇报分工，并填写表 1-4-2。

表 1-4-2　任务分配表

组别	任务分配
1	
2	
3	
4	
5	
6	
7	
8	
9	

五、工作准备

经验准备 ▶　通过观看数字资源以及检索网络信息等方式了解蒙台梭利自由与纪律观。

提出问题 ▶　课前学习过程中遇到的问题（提交教学平台）。

蒙台梭利自由纪律观
数字资源

六、工作实施

项目一　蒙台梭利自由观

实训一　理解蒙台梭利自由观

● 引导问题 1：蒙台梭利教育自由观的理论基础是什么？

● 引导问题 2：怎么理解“自由”概念？

● 引导问题 3：请举例说明蒙台梭利自由观。

● 引导问题 4：请谈谈蒙台梭利自由观给您带来的启示。

项目二　蒙台梭利纪律观

实训一　理解蒙台梭利纪律观

●引导问题 1：蒙台梭利教育纪律观的理论基础是什么？

______

______

______

●引导问题 2：怎么理解“纪律”概念？

______

______

______

●引导问题 3：“纪律”应当如何建立？

______

______

______

●引导问题 4：请举例说明蒙台梭利纪律观。

______

______

______

●引导问题 5：请谈谈蒙台梭利纪律观给您带来的启示。

______

______

______

七、评价反馈

表 1-4-3　课堂展示评价表

评价标准	小组自评	组间互评	教师评价	得分
对蒙台梭利自由与纪律观有全面、正确的认识（20 分）				
语言表达清晰，逻辑性强，重点突出（20 分）				
对汇报内容有自己的思考与理解（20 分）				
小组成员分工明确，学习自主性高（10 分）				
信息检索手段多元，如网络、书籍、微课、慕课等（10 分）				
展示方式多样，如利用视频、PPT 等（10 分）				
仪容整洁，仪态大方（10 分）				

知识小测 ▶

1. 蒙台梭利认为的自由并非放任自流、任意妄为，而是（　　）、（　　）。

2. 蒙台梭利认为的纪律是一种（　　）、（　　）的纪律。

八、知识点脉络

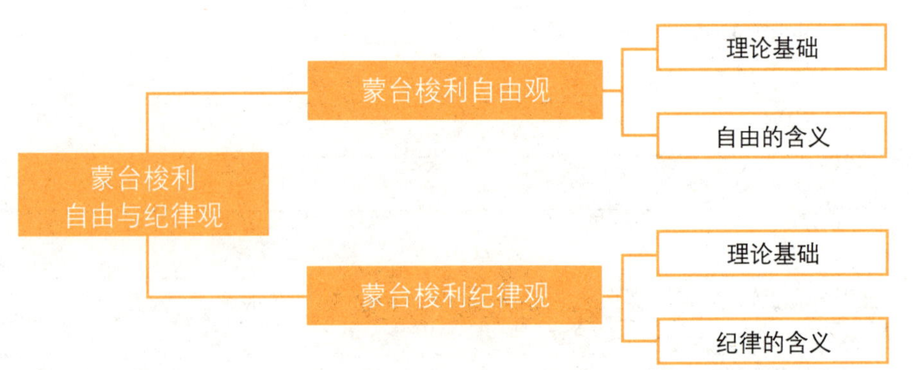

模块二　蒙台梭利教育环境

幼儿园教育质量是儿童能否从学前教育经历中获益的重要影响因素，而学习环境属于幼儿园教育质量的重要范畴。[①]蒙台梭利的环境教育理论和教育方法长期以来一直影响着我国幼儿园教育实践。但是，在现实的教育实践中，我们对环境的认识仅仅是基于“教室”和工具操作的“能力训练”，这妨碍或影响了对蒙台梭利环境教育与环境创设思想的正确把握。[②]因此，我们除深入理解“有准备的环境”理念之外，还需系统学习蒙台梭利教育环境创设理论。

---

① 侯莉敏，罗兰兰，吴慧源．幼儿园学习环境质量与幼儿发展结果的相关分析及其阈值效应[J]. 学前教育研究，2021（1）：29–42.

② 王建平，郭亚新．蒙台梭利环境教育思想与儿童发展关系的理论建构[J]. 比较教育研究，2016，38（11）：55–59.

任务1 蒙氏机构环境创设

一、学习情境描述

“1+X”《幼儿照护职业技能等级标准》中明确提出岗位要求：“能创设学习化的机构环境（包含蒙氏、奥尔夫音乐及早期阅读等）”；“能创设符合发展适宜性的机构环境”。《学前教育专业师范生教师职业能力标准（试行）》提出“能够创设安全、适宜、全面，有助于促进幼儿成长、学习、游戏的物质环境，合理利用资源，为幼儿提供和制作适合的玩教具和学习材料”；“理解教师的态度、情绪、言行在幼儿园及班级心理环境形成中的重要性。能够构建和谐的师幼关系，帮助幼儿建立良好的同伴关系，营造良好的班级氛围，让幼儿感受到安全、舒适”。

二、学习目标

1. 熟悉蒙台梭利教室环境应配备的硬件设施。
2. 熟悉蒙台梭利教师要求。
3. 理解蒙台梭利教室编班方式。
4. 树立正确的儿童观、教育观，形成良好的职业理念、职业素养。
5. 形成创新创业意识与能力。

三、任务描述

幼儿园案例

幼儿园要开设一个蒙氏班级，老师们犯了难。蒙氏班级需要配备哪些软硬件设施？每个班幼儿数量是多少？师幼比应当是多少？教师需要具备哪些素质？

表 2-1-1　任务单

项目	实训
蒙台梭利机构环境创设	1. 了解蒙台梭利教室的硬件设施。 2. 理解蒙台梭利师资要求。 3. 了解蒙台梭利教室编班要求。
课堂展示	4～6 人一组搜集资料并进行课堂汇报。

四、任务分组

将学生按 4～6 人一组分组，搜集蒙台梭利机构环境创设资料，明确小组汇报分工，并填写表 2-1-2。

表 2-1-2　任务分配表

组别	任务分配
1	
2	
3	
4	
5	
6	
7	
8	
9	

五、工作准备

经验准备 ▶　通过观看数字资源以及检索网络信息等方式了解蒙台梭利教室环境。

提出问题 ▶　课前学习过程中遇到的问题（提交教学平台）。

蒙氏机构环境创设数字资源

六、工作实施

项目一　蒙台梭利机构环境创设

实训一　了解蒙台梭利教室的硬件设施

● 引导问题 1：教室活动空间应当如何布局？

● 引导问题 2：教室中应当配备哪些设施材料？

实训二　理解蒙台梭利师资要求

● 引导问题 1：蒙台梭利教室应配备多少教师？

● 引导问题 2：蒙台梭利教师应具备哪些综合素质？

实训三　了解蒙台梭利教室编班要求

●引导问题 1：蒙台梭利教室采用何种方式编班？

____

____

____

●引导问题 2：蒙台梭利教室的编班方式有何优缺点？

____

____

____

七、评价反馈

表 2-1-3　课堂展示评价表

评价标准	小组自评	组间互评	教师评价	得分
对蒙台梭利机构环境有全面、正确的认识（20 分）				
语言表达清晰，逻辑性强，重点突出（20 分）				
对汇报内容有自己的思考与理解（20 分）				
小组成员分工明确，学习自主性高（10 分）				
信息检索手段多元，如网络、书籍、微课、慕课等（10 分）				
展示方式多样，如利用视频、PPT 等（10 分）				
仪容整洁，仪态大方（10 分）				

知识小测 ▶

1．蒙台梭利教室采用的编班方式是（　　）。

2．请阐述混龄教育的含义及优缺点。

八、知识点脉络

蒙台梭利教室环境
教室空间划分
根据具体教室环境划分区域
"工作材料"投放
教具投放
配备专业化师资队伍
具备良好的专业素质
具备良好个性与品质
具备良好的协作能力
将幼儿混龄编班
混龄教育
混龄编班

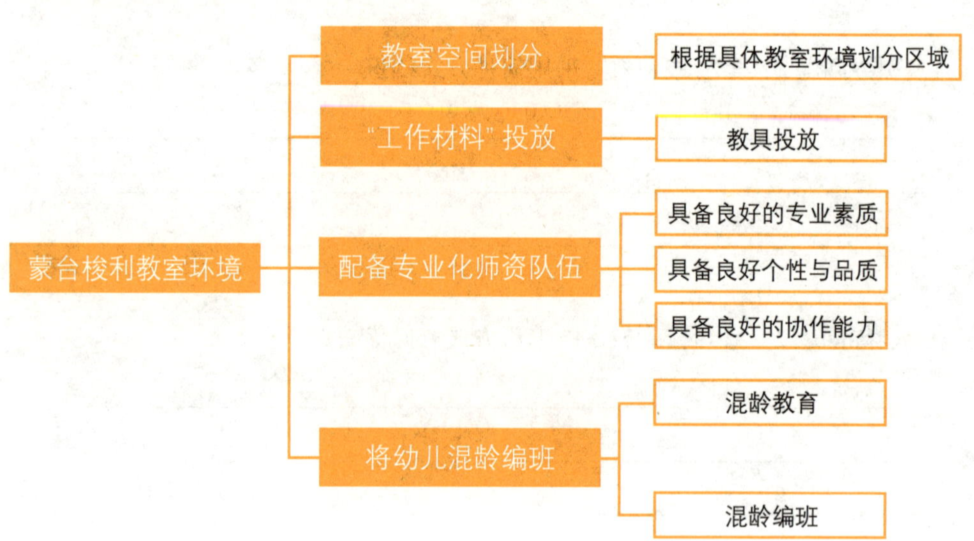

任务 2　蒙台梭利课程方案

一、学习情境描述

《幼儿园教师专业标准（试行）》提出岗位要求：“掌握幼儿园环境创设、一日生活安排、游戏与教育活动、保育和班级管理的知识与方法。”《学前教育专业师范生教师职业能力标准（试行）》提出要“树立幼儿为本、德育为先理念，了解幼儿社会性—情感发展的规律和个性特征，能有针对性地开展育人工作”，能够“组织一日生活、开展游戏活动、实施教育活动”。

二、学习目标

1. 掌握蒙台梭利课程方案制订步骤与流程。
2. 能够根据幼儿年龄阶段特点、兴趣需要等制订单元主题活动方案。
3. 树立正确的儿童观、教育观，形成良好的职业理念、职业素养。
4. 形成创新创业意识与能力。

三、任务描述

幼儿园案例

一些幼儿园老师认为，蒙台梭利教育法就是让孩子进行教具操作。事实上，蒙台梭利教育是通过一套兼具统整性、程序性、衔接性的单元主题活动课程来实现的。

表 2-2-1　任务单

项目	实训
蒙台梭利课程方案	1. 理解蒙台梭利单元主题活动课程设计流程。 2. 撰写蒙台梭利单元主题活动计划书。
蒙台梭利课程方案本土化	对蒙台梭利课程方案进行本土化设计。
课堂展示	4～6 人一组搜集资料并进行课堂汇报。

四、任务分组

将学生按 4 ～ 6 人一组分组，撰写蒙台梭利单元主题活动计划书和蒙台梭利本土化单元主题活动方案，并填写表 2-2-2。

表 2-2-2　任务分配表

组别	任务分配
1	
2	
3	
4	
5	
6	
7	
8	
9	

五、工作准备

经验准备 ▶　回顾我国幼儿园主题活动方案制订步骤与流程。通过观看数字资源以及检索网络信息等方式了解蒙台梭利单元主题活动课程方案制订步骤与流程。

提出问题 ▶　课前学习过程中遇到的问题（提交教学平台）。

蒙台梭利课程方案
数字资源

六、工作实施

项目一　蒙台梭利课程方案

实训一　理解蒙台梭利单元主题活动课程设计流程

●引导问题 1：什么是蒙台梭利单元主题活动课程？

____

●引导问题 2：蒙台梭利单元主题活动课程设计流程包括哪些？

●引导问题 3：完整的蒙台梭利单元主题活动计划书包括几个部分？

实训二　撰写蒙台梭利单元主题活动计划书

●分组任务：4～6 人一组，撰写蒙台梭利单元主题活动计划书（附录 1）。

项目二　蒙台梭利课程方案本土化

实训一　对蒙台梭利课程方案进行本土化设计

●引导问题 1：蒙台梭利的单元主题活动课程与我国的主题活动课程有何异同？

●引导问题 2：如何将蒙台梭利的单元主题活动课程本土化？

● 分组任务：4～6人一组，撰写蒙台梭利单元主题活动本土化方案（附录2）。

小提示

“我们的城市”这个主题下面的内容包括认识世界各国的城市、建筑，认识上海的城市、建筑等。这是幼儿园预设的所有班级要实施的主题，但主题下面的单元与活动需要老师自己去安排，这样老师可以根据孩子的兴趣点来生成具体学习内容。老师组织大班幼儿开展主题活动，把众多孩子已学会使用的蒙氏教具以及幼儿在节假日与家长一起收集的资料放在一起，作为幼儿可以查找与利用的资源。幼儿在小班认识过“海陆地球仪”，在中班时认识过“世界地图嵌板”中的七大洲，这次活动前孩子们则已利用“世界地图嵌板”认识了各洲的国家以及各国的国旗。老师试图将孩子在小、中、大班的蒙氏区域活动中获得的经验作为开展这次主题活动的基础。①

七、评价反馈

表 2-2-3 课堂展示评价表

评价标准	小组自评	组间互评	教师评价	得分
对蒙台梭利单元主题活动课程有全面、正确的认识（20分）				
语言表达清晰，逻辑性强，重点突出（20分）				
对汇报内容有自己的思考与理解（20分）				
小组成员分工明确，学习自主性高（10分）				
信息检索手段多元，如网络、书籍、微课、慕课等（10分）				
展示方式多样，如利用视频、PPT等（10分）				
仪容整洁，仪态大方（10分）				

① 李云淑．蒙台梭利区域活动与综合性主题活动相结合的探索［J］．上海教育科研，2006（08）：94-95.

表 2-2-4　蒙台梭利单元主题活动计划书评价表

评价标准	小组自评	组间互评	教师评价	得分
主题选择符合幼儿兴趣需要及年龄阶段特点（20 分）				
主题网络图构建合理（20 分）				
主题活动总目标及各领域目标制定包含知识技能、能力、情感态度等方面；具有可操作性；目标撰写角度统一；语言简洁、清晰、规范（20 分）				
具体活动方案撰写规范（20 分）				
一日活动流程安排科学、合理（20 分）				

表 2-2-5　蒙台梭利单元主题活动本土化方案评价表

评价标准	小组自评	组间互评	教师评价	得分
主题选择贴合幼儿生活、兴趣需要及年龄阶段特点（20 分）				
主题网络图构建合理（20 分）				
主题活动总目标制定科学合理，包含知识技能、能力、情感态度等方面；具有可操作性；目标撰写角度统一；语言简洁、清晰、规范（20 分）				
领域活动方案撰写规范（20 分）				
环境创设与资源利用合理，包括活动区划分，家长、幼儿园、社区资源利用（20 分）				

知识小测 ▶

1. 蒙台梭利教育通过一套兼具统整性、程序性、衔接性的（　　）来实现。

2. 蒙台梭利单元主题活动课程是指______________________________。

3. 蒙台梭利单元主题活动课程设计流程包括（　　）、（　　）、（　　）、（　　）、（　　）、（　　）、（　　）。

八、知识点脉络

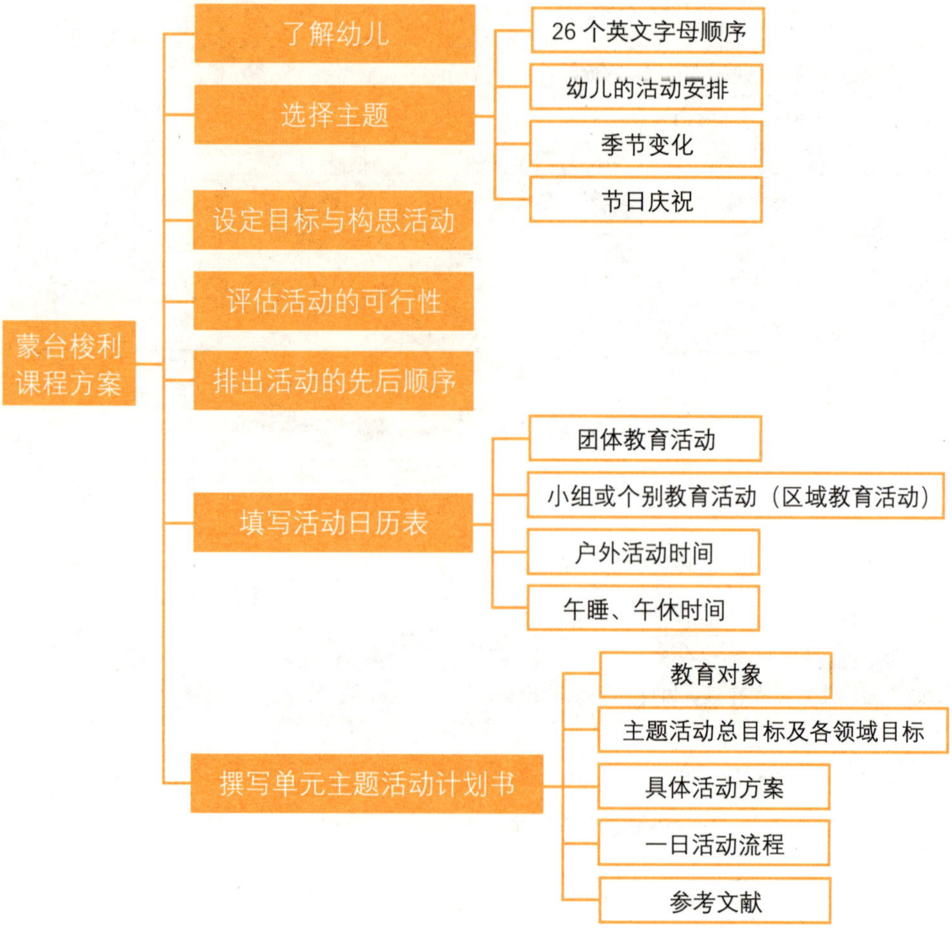

- 蒙台梭利课程方案
  - 了解幼儿
  - 选择主题
    - 26 个英文字母顺序
    - 幼儿的活动安排
    - 季节变化
    - 节日庆祝
  - 设定目标与构思活动
  - 评估活动的可行性
  - 排出活动的先后顺序
  - 填写活动日历表
    - 团体教育活动
    - 小组或个别教育活动（区域教育活动）
    - 户外活动时间
    - 午睡、午休时间
  - 撰写单元主题活动计划书
    - 教育对象
    - 主题活动总目标及各领域目标
    - 具体活动方案
    - 一日活动流程
    - 参考文献

任务 3　区域教育活动方案

一、学习情境描述

“1+X”《幼儿照护职业技能等级标准》提出岗位要求：“能针对幼儿照护机构的场地进行合理区域划分。”《学前教育专业师范生教师职业能力标准（试行）》提出“能够合理、有效地规划和利用户内外游戏活动空间，能够根据幼儿的发展和需要创设相应的活动区，提供丰富、适宜的游戏材料，引发和促进幼儿的游戏”。

二、学习目标

1. 掌握蒙台梭利区域教育活动方案制订步骤与流程。
2. 能够根据幼儿年龄阶段特点、兴趣需要等制订区域教育活动方案。
3. 树立正确的儿童观、教育观，形成良好的职业理念、职业素养。
4. 形成创新创业意识与能力。

三、任务描述

幼儿园案例

蒙台梭利数学教育在幼儿园开展得如火如荼。事实上，蒙台梭利教育不仅局限于数学教育，还包括日常生活、感觉、语言、科学文化等领域，并根据是否使用“工作材料”划分为团体教育活动、区域活动。在蒙台梭利看来，区域教育活动的价值远远超过主题教育活动。

表 2-3-1　任务单

项目	实训
蒙台梭利区域教育活动方案	1. 划分活动区。 2. 投放工作材料。 3. 设计蒙台梭利区域活动方案。
课堂展示	4～6 人一组搜集资料并进行课堂汇报。

四、任务分组

将学生按 4 ～ 6 人一组分组，设计蒙台梭利区域活动方案，明确小组分工，并填写表 2-3-2。

表 2-3-2　任务分配表

组别	任务分配
1	
2	
3	
4	
5	
6	
7	
8	
9	

五、工作准备

经验准备 ▶ 回顾我国幼儿园区域划分、各区域投放的操作材料。

通过观看数字资源以及检索网络信息等方式了解蒙台梭利区域活动空间划分及材料投放。

提出问题 ▶ 课前学习过程中遇到的问题（提交教学平台）。

区域教育活动方案数字资源

六、工作实施

项目一　蒙台梭利区域教育活动方案

实训一　划分活动区

●引导问题 1：蒙台梭利教室划分为哪些活动区？

____

●引导问题 2：如何确定各活动区的位置？

实训二　投放工作材料

●引导问题 1：蒙台梭利工作材料是指什么？

●引导问题 2：各活动区可以投放什么工作材料？

实训三　设计蒙台梭利区域活动方案

●分组任务：按 4 ～ 6 人一组分组，设计蒙台梭利区域活动方案（附录 3）。

七、评价反馈

表 2-3-3　课堂展示评价表

评价标准	小组自评	组间互评	教师评价	得分
对蒙台梭利区域教育活动有全面、正确的认识（20 分）				
语言表达清晰，逻辑性强，重点突出（20 分）				
对汇报内容有自己的思考与理解（20 分）				
小组成员分工明确，学习自主性高（10 分）				
信息检索手段多元，如网络、书籍、微课、慕课等（10 分）				
展示方式多样，如利用视频、PPT 等（10 分）				
仪容整洁，仪态大方（10 分）				

表 2-3-4　蒙台梭利区域活动方案评价表

评价标准	小组自评	组间互评	教师评价	得分
区域活动目标制定清晰、简洁、完整，可操作性强（25 分）				
区域空间布局合理（25 分）				
区域材料投放正确，具有吸引力（25 分）				
规则制定明确（25 分）				

知识小测 ▶

1. 首次提出区域教育活动思想的是（　　）。

A. 蒙台梭利　　B. 福禄贝尔　　C. 夸美纽斯　　D. 卢梭

2. 蒙台梭利教育法中的个别教育活动实现的形式是（　　）。

A. 主题教育活动　　B. 线上活动　　C. 区域活动　　D. 圆圈活动

3. 蒙台梭利教育法的内容主要包括主题教育活动内容和（　　）。

A. 团体线上教育活动内容　　B. 社会教育活动内容

C. 区域教育活动内容　　D. 科学文化教育内容

八、知识点脉络

区域教育活动方案
区域的划分
日常生活区
感觉区
教学区
语言区
科学文化区
区域的布置
根据各区所需的设施、空间及活动区的相关性，寻找最适宜的位置
工作材料投放
教具投放

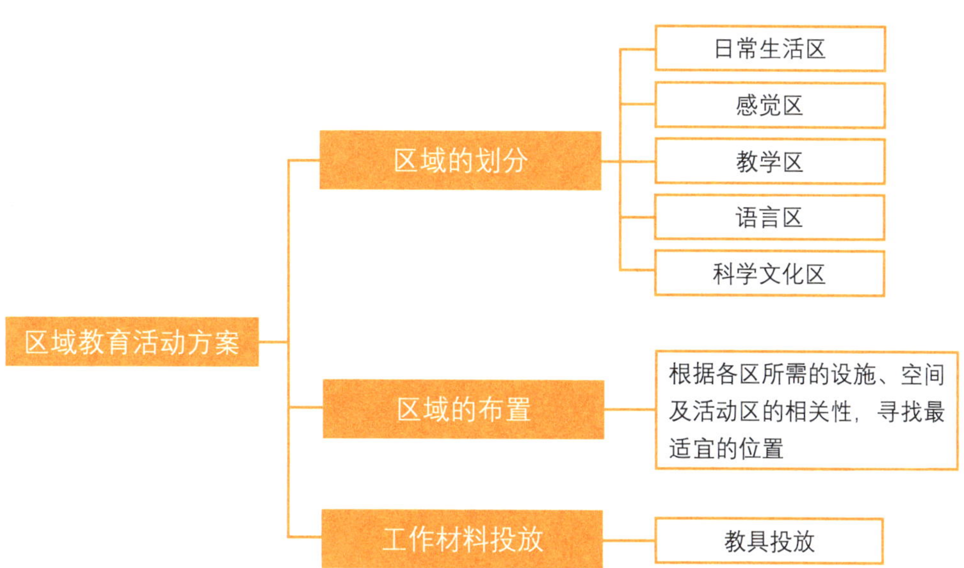

任务 4　观察与记录

一、学习情境描述

《学前教育专业师范生教师职业能力标准（试行）》提出："学会观察分析幼儿的游戏，支持幼儿在游戏活动中获得身体、认知、语言和社会性等多方面的发展"；"学会运用各种适宜的方式实施教育活动，鼓励幼儿在活动中主动探索、交流合作、积极表达，能够有效观察幼儿在活动中的表现，并根据幼儿的需要给予适宜的指导"；"了解幼儿园教育评价的目的与方法，运用观察、谈话、家园联系、作品分析等多种方法，了解和评价幼儿"。

二、学习目标

1. 了解观察的重要性。
2. 理解观察的种类。
3. 掌握观察记录的方法。
4. 树立爱岗敬业精神，用心从教。
5. 形成创新创业意识与能力。

三、任务描述

幼儿园案例

一个 3 岁左右的小女孩，不停地把一些圆柱体放入一个容器中，之后，又将这些圆柱体从容器中取出。而这些圆柱体形形色色，大小不一，正好可由适合的孔中放进容器。让我非常吃惊的是，这个小女孩年龄不大，却能聚精会神、一遍遍地重复这项练习。显然，经过一遍遍的练习，这个女孩并没有加快速度或提高灵敏程度。她只是不停地重复这个动作。由于习惯使然，我开始记录她重复进行这项练习的次数。同时，我想观察一下她，确切地说是想看一下对如此枯燥的工作，她能专心致志到什么程度。[①]

表 2-4-1 任务单

项目	实训
蒙台梭利幼儿园与我国幼儿园观察记录辨析	对比我国幼儿园与蒙台梭利幼儿园观察记录的异同。
蒙台梭利幼儿园观察记录本土化	1. 设计本土化幼儿园观察记录表。 2. 观看视频进行记录。 3. 现场观察幼儿活动并进行记录。

四、任务分组

将学生按 4 ～ 6 人一组分组，设计本土化幼儿园观察记录表并进行观察记录，明确小组分工，并填写表 2-4-2。

表 2-4-2 任务分配表

组别	任务分配
1	
2	
3	
4	
5	
6	
7	
8	
9	

① 蒙台梭利 . 童年的秘密 [M]. 李芷怡，译 . 北京：北京理工大学出版社，2015：133-134.

五、工作准备

经验准备 ▶ 回顾我国幼儿园观察记录的种类及内容。

通过观看数字资源以及检索网络信息等方式了解蒙台梭利幼儿园观察记录的种类及内容。

提出问题 ▶ 课前学习过程中遇到的问题（提交教学平台）。

观察与记录
数字资源

六、工作实施

项目一　蒙台梭利幼儿园与我国幼儿园观察记录辨析

实训一　对比我国幼儿园与蒙台梭利幼儿园观察记录的异同

●引导问题 1：我国幼儿园观察记录的种类包括哪些？

____

____

____

●引导问题 2：蒙台梭利幼儿园观察记录的种类有哪些？

____

____

____

●引导问题 3：我国幼儿园与蒙台梭利幼儿园观察记录种类有何异同？

____

____

____

●引导问题 4：我国幼儿园观察记录的内容包括哪些？

____

●引导问题 5：蒙台梭利幼儿园观察记录内容包括哪些？

●引导问题 6：我国幼儿园与蒙台梭利幼儿园观察记录内容有何异同？

项目二　蒙台梭利幼儿园观察记录本土化

实训一　设计本土化幼儿园观察记录表

●引导问题 1：蒙台梭利幼儿园观察记录表有哪些种类可以借鉴？

●引导问题 2：蒙台梭利幼儿园观察记录表中的哪些内容可以借鉴？

●引导问题 3：4～6 人一组分组，设计本土化幼儿园观察记录表。

实训二　观看视频进行记录

●引导问题 1：视频中孩子的年龄段是什么？

●引导问题 2：您要观察的内容是什么？

●引导问题 3：做观察记录需要注意什么问题？

●引导问题 4：请利用您设计的观察记录表进行记录。

●引导问题 6：如何针对观察记录内容进行分析？

实训三　现场观察幼儿活动并进行记录

● 引导问题 1：您进行观察的时间？

● 引导问题 2：描述您观察到的情景？

● 引导问题 3：您观察的对象是谁？

● 引导问题 4：您观察的内容是什么？

● 引导问题 5：请利用您设计的观察记录表进行记录。

● 引导问题 6：如何针对观察记录内容进行分析？

七、评价反馈

表 2-4-3　观察记录评价表

评价标准	小组自评	组间互评	教师评价	得分
本土化观察记录表设计合理（20 分）				
观察记录语言规范（20 分）				
能够针对观察记录进行分析（20 分）				
有创新思维与能力（10 分）				
小组成员分工明确，学习自主性高（10 分）				
信息检索手段灵活、多元，如网络、书籍、微课、慕课等（10 分）				
仪容整洁，仪态大方（10 分）				

知识小测 ▶

1. 请简述观察的意义。
2. 请说明观察记录的注意事项。
3. 请简述蒙台梭利观察记录的种类。

八、知识点脉络

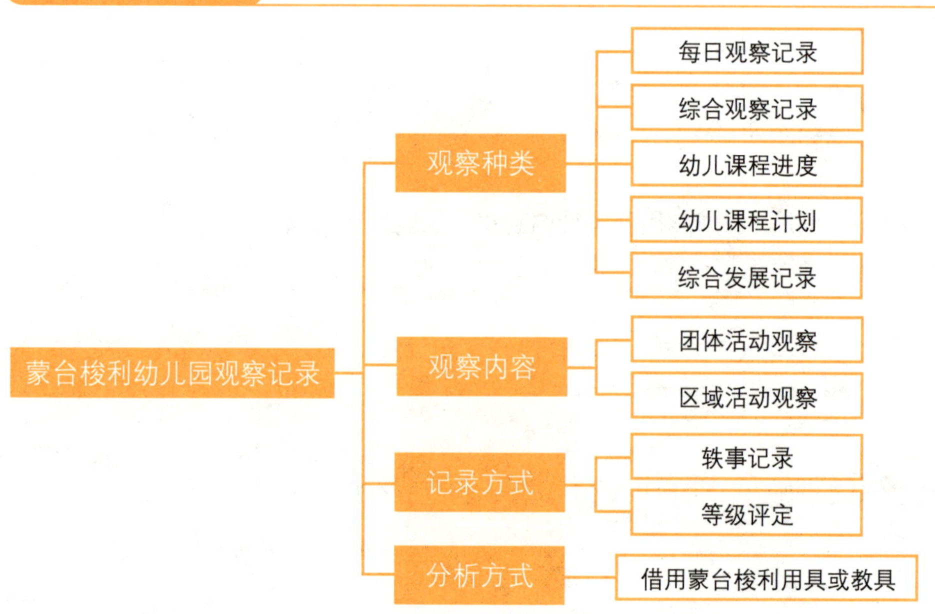

模块三　蒙台梭利教育活动设计与实施

当今教育界对蒙台梭利教育褒贬不一。有些教育家把蒙台梭利教育看成一种固定环境里摆放现成教具，进行呆板、机械操作的教育。其实不然，蒙台梭利教育在世界广为流传并发展至今的原因是对教育理念有正确的领悟和教育方法的灵活运用。

本模块将系统介绍蒙台梭利日常生活教育、感觉教育、数学教育、语言教育、科学文化教育的理念及其活动设计与实施。值得注意的是，基本操作之外，每个活动均有“延伸活动”。学习者可将这些活动灵活运用于各园所的教育之中，甚至可以借鉴这些方法，围绕各领域教育目标，创造出更具时代性、地方性的活动。

任务1　蒙台梭利日常生活教育活动设计与实施

一、学习情境描述

“1+X”《幼儿照护职业技能等级标准》中明确提出岗位要求“能认识并熟练操作蒙台梭利日常生活教具，配合开展教育活动”；“能帮助幼儿养成良好的进餐习惯（如厕、盥洗等），能指导幼儿进行七步洗手法洗手”；“能帮助和指导幼儿进行洗脸、擦香”；“能根据方案实施对幼儿粗大动作发展的指导；能根据方案实施对幼儿精细动作发展的指导”。教育部发布的《幼儿园新型冠状病毒肺炎防控指南》中提出：“做好幼儿入园过渡。重点做好幼儿分离焦虑的疏导，帮助幼儿尽快适应日常生活规则，尤其注意多洗手等卫生习惯的引导和教育，教育幼儿学会七步洗手法和咳嗽礼仪，即咳嗽或打喷嚏时用纸巾或肘部衣服掩住口鼻，不对着他人咳嗽。”

二、学习目标

1. 理解蒙台梭利日常生活教育的内涵与价值。
2. 能够认识并熟练操作蒙台梭利日常生活教具。
3. 能够利用蒙台梭利日常生活教具开展教育活动。
4. 能够用心从教，具备创新精神、敬业精神。
5. 仪表整洁，语言规范健康，举止文明礼貌，符合教师礼仪要求和教育教学场景要求。

三、任务描述

幼儿园案例

小班的孩子喜欢重复进行一些看起来“无聊”的活动，如对成人生活的一些模仿，打扫、清洁、打磨、烹饪等，乐此不疲。有一些家长看到后表示十分忧心，孩子看起来在幼儿园没学到东西。了解到家长的担忧后，班主任老师为家长解释：这些看似没有“学习价值”的行为，恰恰能够帮助幼儿长时间地集中注意力。蒙台梭利认为，日常生活教育可使儿童掌握

基本的生活技能和社交礼仪，从而能帮助儿童更好地照顾自己，照顾环境，适应生活。

表 3-1-1　任务单

项目	实训
蒙台梭利日常生活教育思想	1. 日常生活教育的含义及意义。 2. 日常生活教育内容及分类。 3. 日常生活教育必备用具及放置。 4. 日常生活教育的提示方法。
蒙台梭利日常生活教育活动设计与实施	1. 基本动作练习（肌肉训练）。 2. 照顾自己。 3. 照顾环境。 4. 社交礼仪。

四、任务分组

将学生按 4 ～ 6 人一组分组，明确每组的教具分配，并填写表 3-1-2。

表 3-1-2　教具分配表

组别	教具分配
1	
2	
3	
4	
5	
6	
7	
8	
9	

五、工作准备

材料准备 ▶ 日常生活用具、衣饰框等。

经验准备 ▶ 通过观看数字资源以及检索网络信息等方式了解蒙台梭利日常生活教育含义、价值，教具操作流程，教育活动设计与实施等。

提出问题 ▶ 课前学习过程中遇到的问题（提交教学平台）。

蒙台梭利日常生活教育思想数字资源

蒙台梭利日常生活教育活动的设计与实施数字资源

六、工作实施

项目一　蒙台梭利日常生活教育思想

实训一　日常生活教育的含义及意义

●引导问题 1：您认为日常生活教育的含义是什么？

____

____

____

●引导问题 2：您认为日常生活教育的意义是什么？

____

____

____

实训二　日常生活教育内容及分类

●引导问题 1：日常生活教育包括哪些类型？

____

____

____

●引导问题 2：日常生活教育的内容具体有哪些？

____

____

____

实训三　日常生活教育必备用具及放置

●引导问题 1：日常生活教育用具的含义是什么？

____

____

____

●引导问题 2：日常生活教育用具的准备原则是什么？

____

____

____

●引导问题 3：日常生活教育用具该如何分区放置？

____

____

____

实训四　日常生活教育的提示方法

●引导问题 1：日常生活教育的提示有哪些种类？

____

____

____

●引导问题 2：日常生活教育提示的要领是什么？

____

____

____

项目二　蒙台梭利日常生活教育活动的设计与实施

实训一　基本动作练习（肌肉训练）

●分组任务 1：4～6 人一组，观看视频熟悉教具操作流程，填写蒙台梭利教育活动方案（附录 5）并使用“日常生活教育活动方案评价表”进行评价。

●分组任务 2：对照表 3-1-3 操作蒙台梭利教具，并使用“日常生活教育活动课堂展示评价，表”进行评价。

表 3-1-3　蒙台梭利基本动作练习表

<table>
<tr><th>项目</th><th colspan="2">内容</th></tr>
<tr><td rowspan="5">大动作练习</td><td colspan="2">步行</td></tr>
<tr><td colspan="2">走线</td></tr>
<tr><td colspan="2">坐下、起立</td></tr>
<tr><td colspan="2">搬椅子</td></tr>
<tr><td colspan="2">搬桌子</td></tr>
<tr><td rowspan="11">精细动作练习</td><td rowspan="3">工作辅助用具练习</td><td>铺、收工作毯</td></tr>
<tr><td>拿托盘</td></tr>
<tr><td>拿盒子</td></tr>
<tr><td rowspan="4">五指练习</td><td>拿碗倒珠子</td></tr>
<tr><td>抓珠子</td></tr>
<tr><td>用海绵移水</td></tr>
<tr><td>倒水</td></tr>
<tr><td rowspan="4">三指练习</td><td>剪纸</td></tr>
<tr><td>舀珠子</td></tr>
<tr><td>用筷子夹绒球</td></tr>
<tr><td>螺母和螺钉</td></tr>
</table>

实训二 照顾自己

●分组任务 1：4～6 人一组，观看视频熟悉教具操作流程，填写蒙台梭利教育活动方案（附录 5）并使用“日常生活教育活动方案评价表”进行评价。

●分组任务 2：对照表 3-1-4 操作蒙台梭利教具，并使用“日常生活教育活动课堂展示评价表”进行评价。

表 3-1-4　蒙台梭利照顾自己练习表

项目	内容
清洁练习	照镜子
	梳头发
	擤鼻涕
	洗手
	洗手绢
	擦鞋
衣饰框	大纽扣
	按扣
	拉链
	皮带扣
	蝴蝶结
	别针

实训三　照顾环境

●分组任务 1：4～6 人一组，观看视频熟悉教具操作流程，填写蒙台梭利教育活动方案（附录 5）并使用“日常生活教育活动方案评价表”进行评价。

●分组任务 2：对照表 3-1-5 操作蒙台梭利教具，并使用“日常生活教育活动课堂展示评价表”进行评价。

表 3-1-5　蒙台梭利照顾环境练习表

项目	内容
清扫	刷地毯
	打扫室内
	掸灰
	擦桌子
	擦玻璃
	擦器皿
用餐练习	吃点心
	进餐
庭院工作	捡拾垃圾
	捡拾落叶
	拔杂草
	松土
	洒水
	植物栽培
	播种
	水栽培
照顾动物	照顾小鸟
	喂养金鱼

实训四　社交礼仪

●分组任务 1：4 ～ 6 人一组，观看视频熟悉教具操作流程，填写蒙台梭利教育活动方案（附录 5）并使用“日常生活教育活动方案评价表”进行评价。

●分组任务 2：对照表 3-1-6 操作蒙台梭利教具，并使用“日常生活教育活动课堂展示评价表”进行评价。

表 3-1-6　蒙台梭利社交礼仪练习表

项目	内容
基本礼仪	打招呼与告别
	握手
	鞠躬
	欢迎
	应答
	与他人接触
	邀请
	道谢和道歉
	打断别人的讲话
	听人说话的方法
动作礼仪	递交物品
	咳嗽、打喷嚏、打哈欠
	奉茶

七、评价反馈

表 3-1-7　日常生活教育活动方案评价表

评价指标	评价标准	小组自评	组间互评	教师评价	实得分
教学目标	目标明确、具体（10 分）				
	直接目的和间接目的描述准确，符合幼儿年龄特点、已有经验和发展需要（10 分）				
教具构成	教具选择符合目标要求（10 分）				
适合年龄	符合教具和教学目标的适龄需要（10 分）				
基本操作	步骤和动作的描述清晰、准确（15 分）				
	对动作进行了必要的分解和说明（15 分）				
错误控制	有利于幼儿主动发现错误并自动纠正错误（10 分）				
变化与延伸	能充分考虑到幼儿个体差异，设置不同难度的变化和延伸活动（10 分）				
注意事项	操作过程中有必要的提示，且提示有助于幼儿正确地进行操作（10 分）				
总分					
建议意见					

资料来源：马蕴青，杨卫娜，韩君亚. 蒙台梭利教学法 [M]. 北京：航空工业出版社，2020：91-92.

表 3-1-8　日常生活教育活动课堂展示评价表

评价指标	评价标准	小组自评	组间互评	教师评价	实得分
教学准备	准备充分，目标明确（10 分）				
教学过程	步骤清晰，动作准确（25 分）				
	教学语言精练，符合教学情境（25 分）				
	“教师”和“学生”的配合默契（10 分）				
	教师的教态优雅、表情到位（10 分）				
“学生”操作	能充分考虑不同年龄、不同性格幼儿在操作时的表现（10 分）				
	教师能根据不同“学生”的表现进行个别指导（10 分）				
总分					
建议意见					

资料来源：马蕴青，杨卫娜，韩君亚．蒙台梭利教学法 [M]. 北京：航空工业出版社，2020: 91-92.

八、知识点梳理

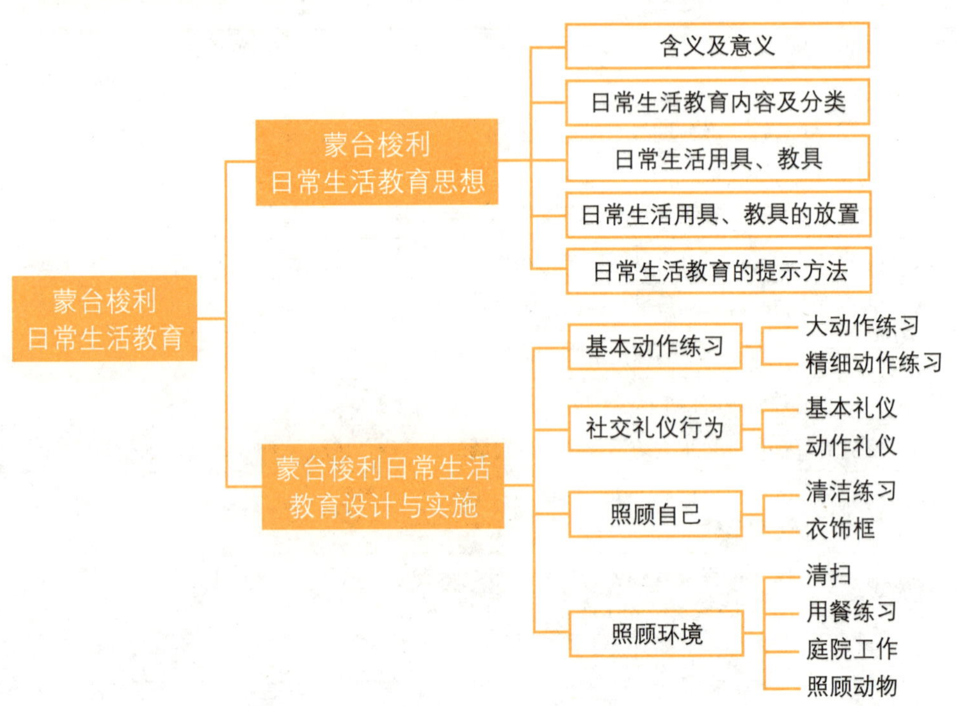

任务 2　蒙台梭利感觉教育活动设计与实施

一、学习情境描述

"1+X"《幼儿照护职业技能等级标准》中明确提出岗位要求："能认识并熟练操作蒙台梭利感觉教具，配合开展教育活动"；"能叙述幼儿视觉、听觉、空间、手口敏感期等认知发展中的具体内容、目标和培养方法。能设计并指导幼儿认知发展活动。能创编幼儿认知发展的游戏。能熟练选用、操作幼儿认知能力的教玩具并自制教（玩）具。能正确评价幼儿认知发展的水平"。

二、学习目标

1. 理解蒙台梭利感觉教育的内涵与价值。
2. 能够认识并熟练操作蒙台梭利感觉教具。
3. 能够利用蒙台梭利感觉教具开展教育活动。
4. 能够用心从教，具备创新精神、敬业精神。
5. 仪表整洁，语言规范健康，举止文明礼貌，符合教师礼仪要求和教育教学场景要求。

三、任务描述

幼儿园案例

小班的楠楠正在玩乐高积木，她摆了一辆长长的火车，三块红色积木后边跟着三块蓝色积木，再后边是三块黄色积木。

蒙台梭利的数学教育是以感官教育为基础的，她强调应当提前做好准备，在数学教育前，提前让幼儿进行排序、对应、分类等数前学习。

表 3-2-1　任务单

项目	实训
蒙台梭利感觉教育思想	1．感觉教育的含义及意义。 2．感觉教育的内容及教具。
蒙台梭利感觉教育活动设计与实施	1．视觉教育。 2．触觉教育。 3．听觉教育。 4．味觉教育。 5．嗅觉教育。

四、任务分组

将学生按 4 ～ 6 人一组分组，明确每组的教具分配，并填写表 3–2–2。

表 3-2-2　教具分配表

组别	教具分配
1	
2	
3	
4	
5	
6	
7	
8	
9	

五、工作准备

材料准备 ▶ 大小（圆柱体组、粉红塔、棕色梯、长棒）；颜色（彩色圆柱体、色板）；形状（几何图形嵌板、几何学立体组、构成三角形）；触觉板、温觉板、重量板、神秘袋；音筒、音感钟；味觉瓶；嗅觉筒。

经验准备 ▶ 通过观看 PPT、微课视频以及网络信息检索等方式了解蒙台梭利感觉教育内涵、价值，教具操作流程，教育活动设计与实施等。

提出问题 ▶ 课前学习过程中遇到的问题（提交教学平台）。

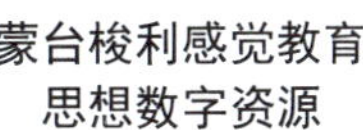

蒙台梭利感觉教育思想数字资源

蒙台梭利感觉教育活动的设计与实施数字资源

六、工作实施

项目一　蒙台梭利感觉教育思想

实训一　感觉教育的含义及意义

●引导问题 1：感觉教育的含义？

●引导问题 2：感觉教育的意义？

实训二　感觉教育内容及教具

●引导问题 1：感觉教育的内容有哪些？

●引导问题 2：感觉教具设计的原理？

____

____

____

●引导问题 3：感觉教具的特征？

____

____

____

●引导问题 4：感觉教具具体操作方法？

____

____

____

项目二　蒙台梭利感觉教育活动的设计与实施

实训一　视觉教育

●分组任务 1：4～6 人一组，观看视频熟悉教具操作流程，填写蒙台梭利教育活动方案（附录 5）并使用“感觉教育活动方案评价表”进行评价。

●分组任务 2：对照表 3-2-3 操作蒙台梭利教具，并使用“感觉教育活动课堂展示评价表”进行评价。

表 3-2-3　蒙台梭利视觉教育练习表

项目	教具
认识大小	圆柱体组
	粉红塔
	棕色梯
	长棒（红棒）

续 表

项目	教具
认识颜色	彩色圆柱体
	色板
认识形状	几何图形嵌板
	几何学立体组
	构成三角形

实训二　触觉教育

●分组任务 1：4 ～ 6 人一组，观看视频熟悉教具操作流程，填写蒙台梭利教育活动方案（附录 5）并使用“感觉教育活动方案评价表”进行评价。

●分组任务 2：对照表 3-2-4 操作蒙台梭利教具，并使用“感觉教育活动课堂展示评价表”进行评价。

表 3-2-4　蒙台梭利触觉练习表

项目	教具
触觉练习	触觉板
温度感觉练习	温觉板
重度感觉练习	重量板
辨别物体练习	神秘袋

实训三　听觉教育

●分组任务 1：4 ～ 6 人一组，观看视频熟悉教具操作流程，填写蒙台梭利教育活动方案（附录 5）并使用“感觉教育活动方案评价表”进行评价。

●分组任务 2：对照表 3-2-5 操作蒙台梭利教具，并使用“感觉教育活动课堂展示评价表”进行评价。

表 3-2-5　蒙台梭利听觉教育练习表

项目	教具
听觉练习	音筒（听筒）
	音感钟

实训四　味觉教育

●分组任务 1：4～6 人一组，观看视频熟悉教具操作流程，填写蒙台梭利教育活动方案（附录 5）并使用“感觉教育活动方案评价表”进行评价。

●分组任务 2：对照表 3-2-6 操作蒙台梭利教具，并使用“感觉教育活动课堂展示评价表”进行评价。

表 3-2-6　蒙台梭利味觉教育练习表

项目	教具
味觉练习	味觉瓶

实训五　嗅觉教育

●分组任务 1：4～6 人一组，观看视频熟悉教具操作流程，填写蒙台梭利教育活动方案（附录 5）并使用“感觉教育活动方案评价表”进行评价。

●分组任务 2：对照表 3-2-7 操作蒙台梭利教具，并使用“感觉教育活动课堂展示评价表”进行评价。

表 3-2-7　蒙台梭利嗅觉教育练习表

项目	教具
嗅觉练习	味觉瓶

七、评价反馈

表 3-2-8　感觉教育活动方案评价表

评价指标	评价标准	小组自评	组间互评	教师评价	实得分
教学目标	目标明确、具体（10 分）				
	直接目的和间接目的描述准确，符合幼儿年龄特点、已有经验和发展需要（10 分）				
教具构成	教具选择符合目标要求（10 分）				
适合年龄	符合教具和教学目标的适龄需要（10 分）				
基本操作	步骤和动作的描述清晰、准确（15 分）				
	对动作进行了必要的分解和说明（15 分）				
错误控制	有利于幼儿主动发现错误并自动纠正错误（10 分）				
变化与延伸	能充分考虑到幼儿个体差异，设置不同难度的变化和延伸活动（10 分）				
注意事项	操作过程中有必要的提示，且提示有助于幼儿正确地进行操作（10 分）				
总分					
建议意见					

资料来源：马蕴青，杨卫娜，韩君亚．蒙台梭利教学法 [M]. 北京：航空工业出版社，2020：91.

表 3-2-9　感觉教育活动课堂展示评价表

评价指标	评价标准	小组自评	组间互评	教师评价	实得分
教学准备	准备充分，目标明确（10 分）				
教学过程	步骤清晰，动作准确（25 分）				
	教学语言精练，符合教学情境（25 分）				
	“教师”和“学生”的配合默契（10 分）				
	教师的教态优雅、表情到位（10 分）				
“学生”操作	能充分考虑不同年龄、不同性格幼儿在操作时的表现（10 分）				
	教师能根据不同“学生”的表现进行个别指导（10 分）				
总分					
建议意见					

资料来源：马蕴青，杨卫娜，韩君亚．蒙台梭利教学法 [M]. 北京：航空工业出版社，2020：91-92.

八、知识点梳理

蒙台梭利感觉教育
蒙台梭利感觉教育思想
感觉教育的含义
感觉教育的意义
感觉教具
设计原理
特征
操作方法
蒙台梭利感觉教育设计与实施
视觉教育
大小
颜色
形状
触觉教育
触觉
温度感觉
重度感觉
辨别物体
味觉教育
听觉教育
嗅觉教育

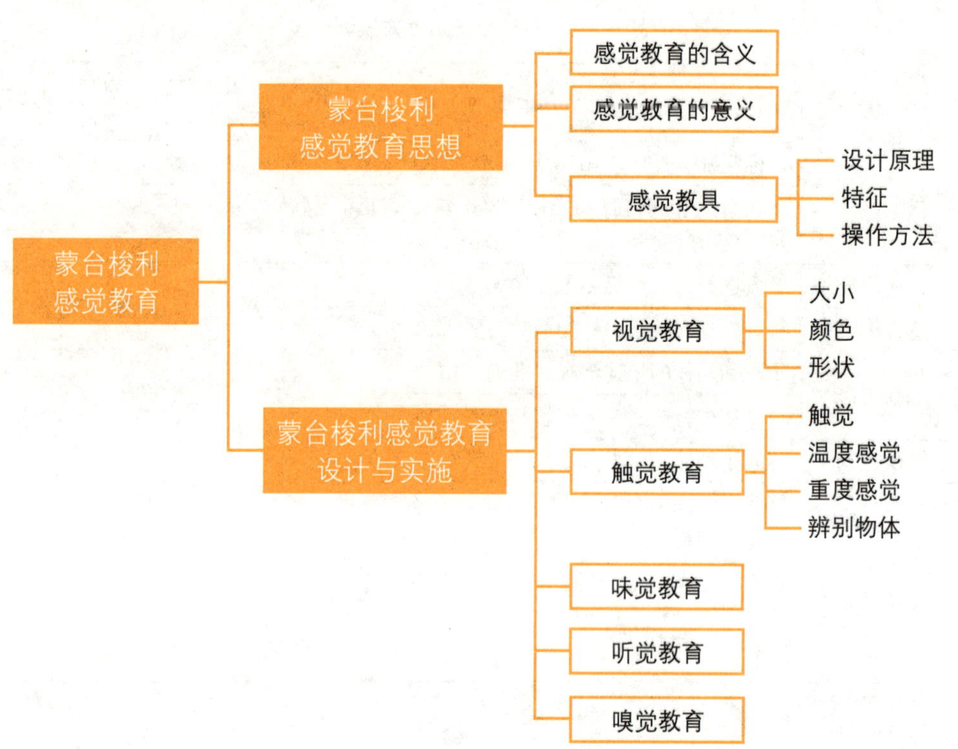

任务 3　蒙台梭利数学教育活动设计与实施

一、学习情境描述

《3—6 岁儿童学习与发展指南》中指出："引导幼儿感知和体会生活中很多地方都用到数，关注周围与自己生活密切相关的数的信息，体会数可以代表不同的意义"；"鼓励和支持幼儿发现、尝试解决日常生活中需要用到数学的问题，体会数学的用处"；"通过实物操作引导幼儿理解数与数之间的关系，并用"加"或"减"的办法来解决问题"。

二、学习目标

1. 理解蒙台梭利数学教育的内涵与价值。

2. 能够认识并熟练操作蒙台梭利数学教具。

3. 能够利用蒙台梭利数学教具开展教育活动。

4. 能够用心从教，具备创新精神、敬业精神。

5. 仪表整洁，语言规范健康，举止文明礼貌，符合教师礼仪要求和教育教学场景要求。

三、任务描述

幼儿园案例

分水果时间到了，保育员老师先给小朋友每人发了一块苹果，又给每个小朋友发了三颗葡萄，老师问小朋友："今天我们每个小朋友分到几个水果呢？"有的小朋友答两个，有的小朋友答三个，还有的小朋友答四个。

表 3-3-1 任务单

项目	实训
蒙台梭利数学教育思想	1. 蒙台梭利数学教育理论基础。 2. 蒙台梭利数学教育的含义及特色。 3. 蒙台梭利数学教具的特色。
蒙台梭利数学教育活动设计与实施	1. 1～10 的认识。 2. 十进位法Ⅰ（单位名称介绍）。 3. 连续数的认识。 4. 十进位法Ⅱ（计算与记忆）。 5. 分数的认识（分数小人）。

四、任务分组

将学生按 4～6 人一组分组，明确每组的教具分配，并填写表 3-3-2。

表 3-3-2 教具分配表

组别	教具分配
1	
2	
3	
4	
5	
6	
7	
8	
9	

五、工作准备

材料准备 ▶ 数棒、砂纸数字板、纺锤棒箱、数字与筹码、彩色串珠梯、金黄串珠组、塞根板、一百板、邮票游戏、加法板、减法板、分数小人。

经验准备 ▶ 通过观看数字资源以及检索网络信息等方式了解蒙台梭利数学教育含义、意义、特色，教具操作流程，教育活动设计与实施等。

提出问题 ▶ 课前学习过程中遇到的问题（提交教学平台）。

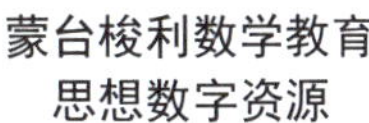

蒙台梭利数学教育思想数字资源

蒙台梭利数学教育活动的设计与实施数字资源

六、工作实施

项目一　蒙台梭利数学教育思想

实训一　蒙台梭利数学教育理论基础

● 引导问题 1：数学心智的含义及价值？

____

____

____

● 引导问题 2：数学敏感期的含义及价值？

____

____

____

● 引导问题 3：数学教育方法是什么？

____

____

____

实训二　蒙台梭利数学教育的含义及特色

●引导问题 1：蒙台梭利数学教育的含义？

____

____

____

●引导问题 2：蒙台梭利数学教育的特色是什么？

____

____

____

实训三　蒙台梭利数学教具的特色

●引导问题：蒙台梭利数学教具的特色是什么？

____

____

____

项目二　蒙台梭利数学教育活动的设计与实施

实训一　1～10 的认识

●分组任务 1：4～6 人一组，观看视频熟悉教具操作流程，填写蒙台梭利教育活动方案（附录 5）并使用“数学教育活动方案评价表”进行评价。

●分组任务 2：对照表 3-3-3 操作蒙台梭利教具，并使用“数学教育活动课堂展示评价表”进行评价。

表 3-3-3　蒙台梭利 1～10 的认识教具表

项目	教具
1～10 的认识	数棒
	砂纸数字板
	数字卡片
	纺锤棒箱
	数字与筹码

实训二　十进位法Ⅰ（单位名称介绍）

●分组任务 1：4～6 人一组，观看视频熟悉教具操作流程，填写蒙台梭利教育活动方案（附录 5）并使用“数学教育活动方案评价表”进行评价。

●分组任务 2：对照表 3-3-4 操作蒙台梭利教具，并使用“数学教育活动课堂展示评价表”进行评价。

表 3-3-4　蒙台梭利十进位法Ⅰ（单位名称介绍）教具表

项目	教具
十进位法Ⅰ（单位名称介绍）	彩色串珠梯
	金黄串珠组
	9 的危机
	数字卡片与金黄串珠的对应

实训三　连续数的认识

●分组任务 1：4～6 人一组，观看视频熟悉教具操作流程，填写蒙台梭利教育活动方案（附录 5）并使用“数学教育活动方案评价表”进行评价。

●分组任务 2：对照表 3-3-5 操作蒙台梭利教具，并使用“数学教育活动课堂展示评价表”进行评价。

表 3-3-5　蒙台梭利连续数的认识教具表

<table>
<tr><th>项目</th><th>教具</th></tr>
<tr><td rowspan="3">连续数的认识</td><td>塞根板（Ⅰ）</td></tr>
<tr><td>塞根板（Ⅱ）</td></tr>
<tr><td>一百板</td></tr>
</table>

实训四　十进位法Ⅱ（计算与记忆）

●分组任务 1：4～6 人一组，观看视频熟悉教具操作流程，填写蒙台梭利教育活动方案（附录 5）并使用“数学教育活动方案评价表”进行评价。

●分组任务 2：对照表 3-3-6 操作蒙台梭利教具，并使用“数学教育活动课堂展示评价表”进行评价。

表 3-3-6　蒙台梭利十进位法Ⅱ（计算与记忆）教具表

<table>
<tr><th>项目</th><th>教具</th><th>内容</th></tr>
<tr><td rowspan="19">十进位法Ⅱ
（计算与记忆）</td><td rowspan="2">数棒</td><td>加法</td></tr>
<tr><td>减法</td></tr>
<tr><td>加法蛇（彩色珠、金色珠）</td><td>加法</td></tr>
<tr><td>减法蛇（彩色珠、黑白珠、灰黑珠）</td><td>减法</td></tr>
<tr><td rowspan="2">数字卡片</td><td>排列练习</td></tr>
<tr><td>取数练习</td></tr>
<tr><td>数字和数量</td><td>串珠与卡片的对应练习</td></tr>
<tr><td>加法板</td><td>加法</td></tr>
<tr><td>减法板</td><td>减法</td></tr>
<tr><td>乘法板</td><td>乘法</td></tr>
<tr><td>除法板</td><td>除法</td></tr>
<tr><td rowspan="4">银行游戏</td><td>加法</td></tr>
<tr><td>乘法</td></tr>
<tr><td>减法</td></tr>
<tr><td>除法</td></tr>
<tr><td rowspan="4">邮票游戏</td><td>加法</td></tr>
<tr><td>乘法</td></tr>
<tr><td>减法</td></tr>
<tr><td>除法</td></tr>
</table>

实训五　分数的认识

●分组任务 1：4 ～ 6 人一组，观看视频熟悉教具操作流程，填写蒙台梭利教育活动方案（附录 5）并使用“数学教育活动方案评价表”进行评价。

●分组任务 2：对照表 3-3-7 操作蒙台梭利教具，并使用“数学教育活动课堂展示评价表”进行评价。

表 3-3-7　蒙台梭利分数的认识教具表

项目	教具
分数的认识	分数小人
	分数嵌板

七、评价反馈

表 3-3-8　数学教育活动方案评价表

评价指标	评价标准	小组自评	组间互评	教师评价	实得分
教学目标	目标明确、具体（10 分）				
	直接目的和间接目的描述准确，符合幼儿年龄特点、已有经验和发展需要（10 分）				
教具构成	教具选择符合目标要求（10 分）				
适合年龄	符合教具和教学目标的适龄需要（10 分）				
基本操作	步骤和动作的描述清晰、准确（15 分）				
	对动作进行了必要的分解和说明（15 分）				
错误控制	有利于幼儿主动发现错误并自动纠正错误（10 分）				
变化与延伸	能充分考虑到幼儿个体差异，设置不同难度的变化和延伸活动（10 分）				
注意事项	操作过程中有必要的提示，且提示有助于幼儿正确地进行操作（10 分）				
总分					
建议意见					

资料来源：马蕴青，杨卫娜，韩君亚 . 蒙台梭利教学法 [M]. 北京：航空工业出版社，2020：91.

表 3-3-9　数学教育活动课堂展示评价表

评价指标	评价标准	小组自评	组间互评	教师评价	实得分
教学准备	准备充分，目标明确（10 分）				
教学过程	步骤清晰，动作准确（25 分）				
	教学语言精练，符合教学情境（25 分）				
	“教师”和“学生”的配合默契（10 分）				
	教师的教态优雅、表情到位（10 分）				
“学生”操作	能充分考虑不同年龄、不同性格幼儿在操作时的表现（10 分）				
	教师能根据不同“学生”的表现进行个别指导（10 分）				
总分					
建议意见					

资料来源：马蕴青，杨卫娜，韩君亚．蒙台梭利教学法 [M]. 北京：航空工业出版社，2020：91-92.

八、知识点梳理

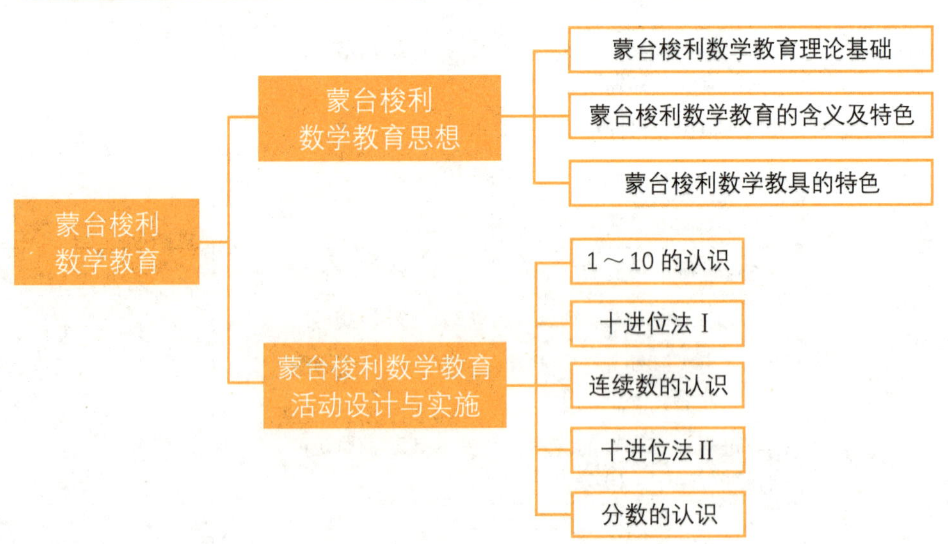

任务 4　蒙台梭利语言教育活动设计与实施

一、学习情境描述

“1+X”《幼儿照护职业技能等级标准》提出岗位要求“能设计指导并独立组织不同年龄段幼儿语言发展的活动；能为幼儿选择适宜的早期阅读材料；能正确评价幼儿语言发展的水平”。

《3—6 岁儿童学习与发展指南》中指出：“幼儿的语言能力是在交流和运用的过程中发展起来的。应为幼儿创设自由、宽松的语言交往环境，鼓励和支持幼儿与成人、同伴交流，让幼儿想说、敢说、喜欢说并能得到积极回应。为幼儿提供丰富、适宜的低幼读物，经常和幼儿一起看图书、讲故事，丰富其语言表达能力，培养阅读兴趣和良好的阅读习惯，进一步拓展学习经验。幼儿的语言学习需要相应的社会经验支持，应通过多种活动扩展幼儿的生活经验，丰富语言的内容，增强理解和表达能力。应在生活情境和阅读活动中引导幼儿自然而然地产生对文字的兴趣，用机械记忆和强化训练的方式让幼儿过早识字不符合其学习特点和接受能力。”

二、学习目标

1. 理解蒙台梭利语言教育的内涵与价值。
2. 能够认识并熟练操作蒙台梭利语言教具。
3. 能够利用蒙台梭利语言教具开展教育活动。
4. 能够用心从教，具备创新精神、敬业精神。
5. 仪表整洁，语言规范健康，举止文明礼貌，符合教师礼仪要求和教育教学场景要求。

三、任务描述

幼儿园案例

教师在活动区中投放图书、卡片、手偶、小舞台等，引导幼儿阅读、讲述等，幼儿在与材料的互动中潜移默化地养成良好的语言习惯和能力。

表 3-4-1　任务单

项目	实训
蒙台梭利语言教育思想	1. 语言教育的含义及意义。 2. 语言教育的内容及特色。
蒙台梭利语言教育活动设计与实施	1. 听觉练习。 2. 口语练习。 3. 视觉练习。 4. 书写练习。 5. 阅读练习。

四、任务分组

将学生按 4 ～ 6 人一组分组，明确每组的教具分配，并填写表 3-4-2。

表 3-4-2　教具分配表

组别	教具分配
1	
2	
3	
4	
5	
6	
7	
8	
9	

五、工作准备

材料准备 ▶ 名词三步卡、姓名三步卡、动词卡片、反义词卡片、同义词卡片、量词卡片、句子三步卡、砂纸笔画板、砂纸偏旁部首板、汉字砂纸板、缝汉字、涂画文字、拼字练习、金属嵌板描画、连虚线画图案、绘本等。

经验准备 ▶ 通过观看数字资源以及检索网络信息等方式了解蒙台梭利语言教育含义、意义，教具操作流程，教育活动设计与实施等。

提出问题 ▶ 课前学习过程中遇到的问题（提交教学平台）。

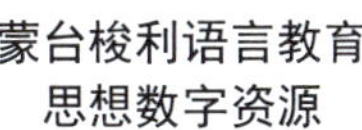

蒙台梭利语言教育思想数字资源

蒙台梭利语言教育活动的设计与实施数字资源

六、工作实施

项目一　蒙台梭利语言教育思想

实训一　语言教育的含义及意义

● 引导问题 1：您认为语言教育的含义是什么？

____

____

____

● 引导问题 2：您认为语言教育的意义是什么？

____

____

____

实训二　语言教育的内容及特色

● 引导问题 1：语言教育的内容有哪些？

____

____

____

●引导问题 2：语言教育的特色是什么？

____

____

____

项目二　蒙台梭利语言教育活动的设计与实施

实训一　听觉练习

●分组任务 1：4 ~ 6 人一组，观看视频熟悉教具操作流程，填写蒙台梭利教育方案（附录 5）并使用“语言教育活动方案评价表”进行评价。

●分组任务 2：对照表 3-4-3 操作蒙台梭利教具，并使用“语言教育活动课堂展示评价表”进行评价。

表 3-4-3　蒙台梭利听觉练习表

学习内容	材料准备
听觉专注练习（指令游戏）	写有动作指令的卡片
声音方位辨别练习（猜猜乐）	眼罩
听力记忆性练习（传话游戏）	水果等实物或图片若干张、句卡若干张
听力连接性练习（接龙游戏）	儿歌等
听力差异性辨别练习	乐器（数量根据幼儿人数而定，同一种乐器准备两套）
	不同材质的物品
听力解析性练习（音乐游戏）	音乐（节奏、旋律等对比鲜明）
听力综合性练习（配音练习）	故事、乐器或其他可发音的物品（可根据故事内容需要准备）

实训二　口语练习

●分组任务 1：4 ~ 6 人一组，观看视频熟悉教具操作流程，填写蒙台梭利教育方案（附录 5）并使用“语言教育活动方案评价表”进行评价。

●分组任务 2：对照表 3-4-4 操作蒙台梭利教具，并使用“语言教育活动课堂

展示评价表”进行评价。

表 3-4-4　蒙台梭利口语练习表

学习内容	材料准备
口语预备练习	钢琴
	一组实物或图片（根据幼儿发音水平而定）
	首音小书、砂纸字母板和相应的语音盒
口语加强练习	神秘袋（不透明的布袋，里面可装幼儿熟悉的物品，如几何立体组、水果、玩具等）
	几组押韵的物体模型或图片（如马、妈，衣、笔，火、果）

实训三　视觉练习

●分组任务 1：4 ～ 6 人一组，观看视频熟悉教具操作流程，填写蒙台梭利教育方案（附录 5）并使用“语言教育活动方案评价表”进行评价。

●分组任务 2：对照表 3-4-5 操作蒙台梭利教具，并使用“语言教育活动课堂展示评价表”进行评价。

表 3-4-5　蒙台梭利视觉练习表

学习内容	材料准备
视觉差异性辨别练习	实物、图片
视觉连接性练习（排列故事顺序）	一组具有故事性的图片（刚开始练习时，可选择幼儿较为熟悉的故事）
视觉专注性练习	幼儿名单
视觉解析性练习	图片或实物

实训四　书写练习

●分组任务 1：4 ～ 6 人一组，观看视频熟悉教具操作流程，填写蒙台梭利教育方案（附录 5）并使用“语言教育活动方案评价表”进行评价。

●分组任务 2：对照表 3-4-6 操作蒙台梭利教具，并使用“语言教育活动课堂展示评价表”进行评价。

表 3-4-6　蒙台梭利书写练习表

学习内容	材料准备
书写准备阶段	几何图形嵌板、笔（铅笔、水笔、水彩笔、蜡笔等）、纸张等
	托盘、纸张（正方形）、两只水彩笔
	大的空心偏旁（自制、可打印）、彩笔
	动物旅馆图片（可自制）、动物旅馆卡错误订正卡、小动物图片及爱吃的食物的图片、小动物的菜单、教师制作的汉字结构卡
正式的书写工作	砂纸笔画板
	自制砂纸偏旁部首板
	一套写有完整文字的整体字卡

实训五　阅读练习

●分组任务 1：4～6 人一组，观看视频熟悉教具操作流程，填写蒙台梭利教育方案（附录 5）并使用“语言教育活动方案评价表”进行评价。

●分组任务 2：对照表 3-4-7 操作蒙台梭利教具，并使用“语言教育活动课堂展示评价表”进行评价。

表 3-4-7　蒙台梭利阅读练习表

学习内容	材料准备
常用词汇的认识与理解	姓名三步卡
	具有相反意义的三步卡
	在书中找一个故事或编写一个故事，故事中应出现很多动作指令，每个动词都适合幼儿表现和理解；将故事中的动词做成指令卡
	物品模型若干，相对应的带有量词的词卡若干
	两个圆盘：小一点的圆盘上面划分成三五个格子，每个格子里写上可以组成很多词语的字；大些的圆盘上面分成若干个格子，每个格子里写上可以和小盘中的字组成词的字
	童谣碟片、自制童谣句卡、自制童谣字卡

续 表

学习内容	材料准备
句意练习	句卡
	句子三步卡
	童谣、儿歌或小故事等
	图片若干，根据图片书写句子，剪去主要表达图片内容的词语或短语
	三四张图片；根据图片写句卡，并剪成三四段
	一个复杂句式、词卡
图文阅读	《蒙台梭利语言教育幼儿用书》
	《蒙台梭利语言教育幼儿用书》中的古诗
	《蒙台梭利语言教育幼儿用书》中的散文
	绘本
语法练习（词性盒）	名词词性盒
	动词词性盒
	形容词词性盒子
	量词词性盒
	代词词性盒
	副词词性盒
	介词词性盒
	连词词性盒
	叹词词性盒
	拟声词词性盒
	标点符号

七、评价反馈

表 3-4-8　语言教育活动方案评价表

评价指标	评价标准	小组自评	组间互评	教师评价	实得分
教学目标	目标明确、具体（10 分）				
	直接目的和间接目的描述准确，符合幼儿年龄特点、已有经验和发展需要（10 分）				
教具构成	教具选择符合目标要求（10 分）				

续 表

评价指标	评价标准	小组自评	组间互评	教师评价	实得分
适合年龄	符合教具和教学目标的适龄需要（10 分）				
基本操作	步骤和动作的描述清晰、准确（15 分）				
	对动作进行了必要的分解和说明（15 分）				
错误控制	有利于幼儿主动发现错误并自动纠正错误（10 分）				
变化与延伸	能充分考虑到幼儿个体差异，设置不同难度的变化和延伸活动（10 分）				
注意事项	操作过程中有必要的提示，且提示有助于幼儿正确地进行操作（10 分）				
总分					
建议意见					

资料来源：马蕴青，杨卫娜，韩君亚．蒙台梭利教学法 [M]. 北京：航空工业出版社，2020：91.

表 3-4-9　语言教育活动课堂展示评价表

评价指标	评价标准	小组自评	组间互评	教师评价	实得分
教学准备	准备充分，目标明确（10 分）				
教学过程	步骤清晰，动作准确（25 分）				
	教学语言精练，符合教学情境（25 分）				
	“教师”和“学生”的配合默契（10 分）				
	教师的教态优雅、表情到位（10 分）				
“学生”操作	能充分考虑不同年龄、不同性格幼儿在操作时的表现（10 分）				
	教师能根据不同“学生”的表现进行个别指导（10 分）				
总分					
建议意见					

资料来源：马蕴青，杨卫娜，韩君亚．蒙台梭利教学法 [M]. 北京：航空工业出版社，2020：91-92.

八、知识点梳理

蒙台梭利语言教育
蒙台梭利语言教育思想
含义
意义
特色
蒙台梭利语言教育活动设计与实施
听觉练习
口语练习
视觉练习
书写练习
阅读练习

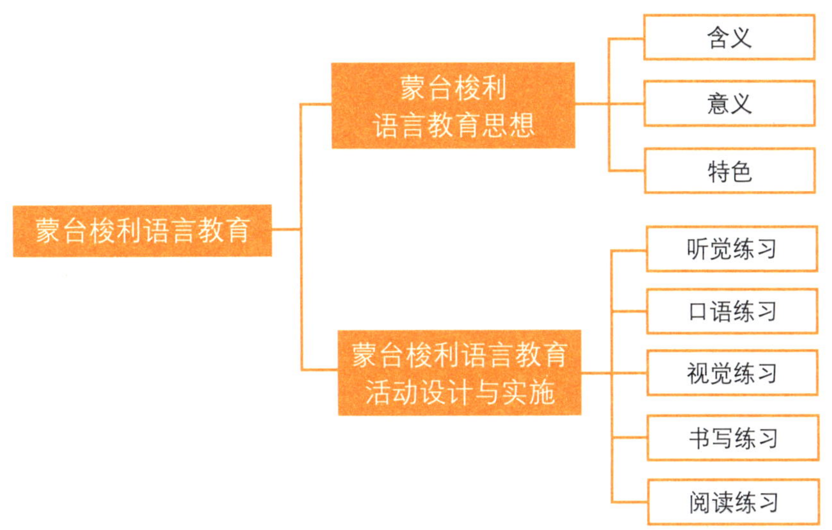

任务 5　蒙台梭利科学文化教育活动设计与实施

一、学习情境描述

《3—6 岁儿童学习与发展指南》中提到：“幼儿科学学习的核心是激发探究兴趣，体验探究过程，发展初步的探究能力。成人要善于发现和保护幼儿的好奇心，充分利用自然和实际生活机会，引导幼儿通过观察、比较、操作、实验等方法，学习发现问题、分析问题和解决问题；帮助幼儿不断积累经验，并运用于新的学习活动，形成受益终身的学习态度和能力。”

二、学习目标

1. 理解蒙台梭利科学文化教育的内涵与特色。

2. 能够认识并熟练操作蒙台梭利科学文化教具。

3. 能够利用蒙台梭利科学文化教具开展教育活动。

4. 能够用心从教，具备创新精神、敬业精神。

5. 仪表整洁，语言规范健康，举止文明礼貌，符合教师礼仪要求和教育教学场景要求。

三、任务描述

幼儿园案例

小班幼儿对自然界的生命感到惊奇，他们常常会问“为什么小草秋天会变黄”“我是怎样生出来的”等，其中蕴含着他们对科学文化最初的探究萌芽。

表 3-5-1　任务单

项目	实训
蒙台梭利科学文化教育思想	蒙台梭利科学文化教育的含义及特色。
蒙台梭利科学文化教育活动设计与实施	1. 植物学。 2. 动物学。 3. 地理学。 4. 地质学。 5. 天文学。 6. 历史学。 7. 科学实验。 8. 人体生理学。 9. 传统文化。

四、任务分组

将学生按 4 ～ 6 人一组分组，明确每组的教具分配，并填写表 3-5-2。

表 3-5-2　教育分配表

组别	教具分配
1	
2	
3	
4	
5	
6	
7	
8	
9	

五、工作准备

材料准备 ▶ 植物嵌板、植物三段卡、动物嵌板、动物三段卡、认识“年”、认识“月”、认识“星期”、认识“四季”、认识左右手、地球仪、指南针、世界地图嵌板、亚洲地图嵌板、中国地图嵌板、各国国旗、太阳结构三步卡、八大行星嵌板、八大行星拼图、八大行星符号三步卡、月象卡片、星座画册、地球的层次结构、地球构造三步卡、火山爆发实验、岩石的三种形态、人体拼图、人体三步卡、认识手和脚、认识骨骼。

经验准备 ▶ 通过观看数字资源以及检索网络信息等方式了解蒙台梭利科学文化教育含义、特色，教具操作流程，教育活动开展等。

提出问题 ▶ 课前学习过程中遇到的问题（提交教学平台）。

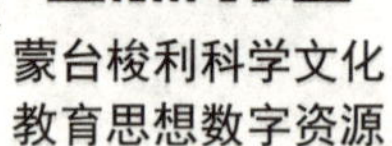

蒙台梭利科学文化教育思想数字资源

蒙台梭利科学文化教育的设计与实施数字资源

六、工作实施

项目一　蒙台梭利科学文化教育思想

实训一　蒙台梭利科学文化教育的含义及特色

● 引导问题 1：您认为蒙台梭利科学文化教育的含义是什么？

● 引导问题 2：蒙台梭利科学文化教育的特色是什么？

项目二　蒙台梭利科学文化教育的设计与实施

实训一　植物学

●引导问题 1：植物学教育的目的？

____

____

____

●引导问题 2：植物学的教育策略？

____

____

____

●分组任务 1：4 ～ 6 人一组，观看视频熟悉教具操作流程，填写蒙台梭利教育方案（附录 5）并使用“科学文化教育活动方案评价表”进行评价。

●分组任务 2：对照表 3-5-3 操作蒙台梭利教具，并使用“科学文化教育活动课堂展示评价表”进行评价。

表 3-5-3　蒙台梭利科学文化教育植物学教具表

学习内容	材料准备
有生命和无生命	各类有生命和无生命物体或模型
植物的认识	植物和动物的分类
	植物的生长、植物的组成
	树的拼图及三段卡，树的结构
	根的拼图及三段卡，根的结构
	叶子的拼图及三段卡，叶子的结构
	花的拼图及三段卡，花的结构
	果实的拼图及三段卡，果实的结构
	树、花、叶、根的功能

实训二　动物学

●引导问题 1：动物学教育的目的？

______

______

______

●引导问题 2：动物学的教育策略？

______

______

______

●分组任务 1：4～6 人一组，观看视频熟悉教具操作流程，填写蒙台梭利教育方案（附录 5）并使用“科学文化教育活动方案评价表”进行评价。

●分组任务 2：对照表 3-5-4 操作蒙台梭利教具，并使用“科学文化教育活动课堂展示评价表”进行评价。

表 3-5-4　蒙台梭利科学文化教育动物学教具表

学习内容	材料准备
认识动物	昆虫类拼图及三段卡
	鱼类拼图及三段卡
	两栖动物拼图及三段卡
	爬行动物拼图及三段卡
	鸟类拼图及三段卡
	哺乳动物拼图及三段卡

实训三　地理学

●引导问题 1：地理学的教育目的？

______

____

____

●引导问题 2：地理学的教育内容？

____

____

____

●分组任务 1：4～6 人一组，观看视频熟悉教具操作流程，填写蒙台梭利教育方案（附录 5）并使用“科学文化教育活动方案评价表”进行评价。

●分组任务 2：对照表 3-5-5 操作蒙台梭利教具，并使用“科学文化教育活动课堂展示评价表”进行评价。

表 3-5-5　蒙台梭利科学文化教育地理学内容表

学习内容	材料准备
地理学	手的轮廓图
	手指的名称
	身体的轮廓图
	绘制教室平面图
	查看地图
地球方位	院子里的东南西北
	教室里的东南西北
	指南针
	认识地图上的方位
自然地理	认识空气
	陆地和水
	地球仪
	陆地和水域的构成
	砂纸地形图
	地形三段卡
	在地球仪上找地形
	温度
	气候
	认识云

续 表

学习内容	材料准备
人文地理	彩色地球仪
	世界地图拼图
	亚洲地图
	中国地图
	制作地图
	学习国旗的渊源
	国旗的部位名称
	认识各国国旗
	国旗三段卡
	中国国旗
	国旗与国歌
	物产与地图
	认识人种

实训四　地质学

●引导问题 1：地质学的教育目的？

____

____

____

●引导问题 2：地质学的教育内容？

____

____

____

●分组任务 1：4～6 人一组，观看视频熟悉教具操作流程，填写蒙台梭利教育方案（附录 5）并使用“科学文化教育活动方案评价表”进行评价。

●分组任务 2：对照表 3-5-5 操作蒙台梭利教具，并使用“科学文化教育活动课堂展示评价表”进行评价。

表 3-5-6　蒙台梭利科学文化教育地质学内容表

学习内容	材料准备
地质学	地球的层次结构
	地层构造三段卡
	地质构造——断层和褶皱
	火山爆发实验
	火山爆发三段卡
	各种岩石、矿石标本
	沉积岩实验

实训五　天文学

●引导问题 1：天文学的教育目的？

____

____

____

●引导问题 2：天文学的内容？

____

____

____

●分组任务 1：4～6 人一组，观看视频熟悉教具操作流程，填写蒙台梭利教育方案（附录 5）并使用“科学文化教育活动方案评价表”进行评价。

●分组任务 2：对照表 3-5-7 操作蒙台梭利教具，并使用“科学文化教育活动课堂展示评价表”进行评价。

表 3-5-7　蒙台梭利科学文化教育天文学内容表

学习内容	材料准备
认识八大行星	八大行星嵌板
	八大行星三段卡
	八大行星拼图

续 表

学习内容	材料准备
认识太阳系	太阳构造图
	太阳三段卡
	月亮的变化
	太阳系的介绍
认识星座	星座介绍
	望远镜

实训六　历史学

●引导问题 1：历史学的教育目的？

____

____

____

●引导问题 2：历史学的内容？

____

____

____

●分组任务 1：4 ～ 6 人一组，观看视频熟悉教具操作流程，填写蒙台梭利教育方案（附录 5）并使用“科学文化教育活动方案评价表”进行评价。

●分组任务 2：对照表 3-5-8 操作蒙台梭利教具，并使用“科学文化教育活动课堂展示评价表”进行评价。

表 3-5-8　蒙台梭利科学文化教育历史学内容表

学习内容	材料准备
认识日历	日历
认识时钟	时钟拼图
	时钟三段卡
	计时器
认识四季	认识四季

实训七　科学实验

●引导问题 1：科学实验的教育目的？

____

____

____

●引导问题 2：您可以开展哪些科学实验？

____

____

____

●分组任务 1：4 ～ 6 人一组，观看视频熟悉教具操作流程，填写蒙台梭利教育方案（附录 5）并使用“科学文化教育活动方案评价表”进行评价。

●分组任务 2：操作蒙台梭利用具，并使用“科学文化教育活动课堂展示评价表”进行评价。

实训八　人体生理学

●引导问题 1：人体生理学的教育目的？

____

____

____

●引导问题 2：人体生理学的内容？

____

____

____

●分组任务 1：4～6 人一组，观看视频熟悉教具操作流程，填写蒙台梭利教育方案（附录 5）并使用“科学文化教育活动方案评价表”进行评价。

●分组任务 2：对照表 3-5-9 操作蒙台梭利教具，并使用“科学文化教育活动课堂展示评价表”进行评价。

表 3-5-9　蒙台梭利科学文化教育人体生理学内容表

学习内容	材料准备
认识人体	人体拼图
	人体三部分卡
	手和脚
	人类骨骼的认识
	人的眼睛
	人的牙齿
	人体的内部器官
	人体最重要的器官——心脏
	人怎样呼吸
	吃进去的东西哪里去了
	我是这样长大的
	儿童保健

实训九　传统文化

●引导问题 1：传统文化教育的目的是什么？

____

____

____

●引导问题 2：您可以进行哪些传统文化教育？

____

____

____

●分组任务 1：4～6 人一组，观看视频熟悉教具操作流程，填写蒙台梭利教育方案（附录 5）并使用“科学文化教育活动方案评价表”进行评价。

●分组任务 2：操作蒙台梭利用具，并使用“科学文化教育活动课堂展示评价表”进行评价。

七、评价反馈

表 3-5-10　科学文化教育活动方案评价表

评价指标	评价标准	小组自评	组间互评	教师评价	实得分
教学目标	目标明确、具体（10 分）				
	直接目的和间接目的描述准确，符合幼儿年龄特点、已有经验和发展需要（10 分）				
教具构成	教具选择符合目标要求（10 分）				
适合年龄	符合教具和教学目标的适龄需要（10 分）				
基本操作	步骤和动作的描述清晰、准确（15 分）				
	对动作进行了必要的分解和说明（15 分）				
错误控制	有利于幼儿主动发现错误并自动纠正错误（10 分）				
变化与延伸	能充分考虑到幼儿个体差异，设置不同难度的变化和延伸活动（10 分）				
注意事项	操作过程中有必要的提示，且提示有助于幼儿正确地进行操作（10 分）				
总分					
建议意见					

资料来源：马蕴青，杨卫娜，韩君亚 . 蒙台梭利教学法 [M]. 北京：航空工业出版社，2020：91.

表 3-5-11 科学文化教育活动课堂展示评价表

评价指标	评价标准	小组自评	组间互评	教师评价	实得分
教学准备	准备充分，目标明确（10 分）				
教学过程	步骤清晰，动作准确（25 分）				
	教学语言精练，符合教学情境（25 分）				
	“教师”和“学生”的配合默契（10 分）				
	教师的教态优雅、表情到位（10 分）				
“学生”操作	能充分考虑不同年龄、不同性格幼儿在操作时的表现（10 分）				
	教师能根据不同“学生”的表现进行个别指导（10 分）				
总分					
建议意见					

资料来源：马蕴青，杨卫娜，韩君亚．蒙台梭利教学法 [M]. 北京：航空工业出版社，2020：91-92.

八、知识点梳理

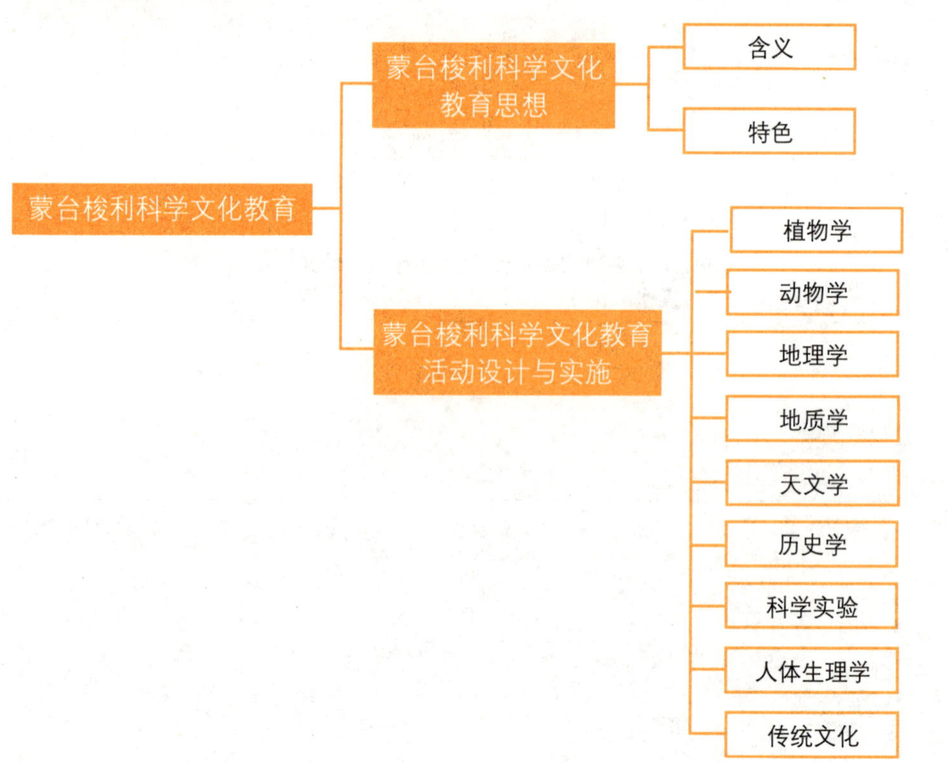

模块四　蒙台梭利教育本土化

蒙台梭利教育与中国幼儿园课程的目标均指向儿童的全面和谐发展，主要分歧在目标的达成方式上，因此蒙台梭利教育本土化的重点与难点在于课程内容与课程实施途径如何实现有机融合。①

本模块引导学生在熟悉蒙台梭利教育理论与实践基础上，将其应用于幼儿园生活活动、区域活动、教育活动之中，以实现对蒙台梭利教育法的本土化运用。

① 邓祎，罗岚，杜红春．蒙台梭利教育本土化的探索 [J]. 学前教育研究，2016（7）：64–66.

任务1　融入幼儿园生活活动

一、学习情境描述

《学前教育专业师范生教师职业能力标准（试行）》提出要“能够安排和组织幼儿园一日生活的主要环节，具有将教育渗透一日生活的意识，能够与保育员协同开展班级常规保育和卫生工作”。

二、学习目标

1. 了解幼儿园生活活动含义、目的及内容。
2. 了解幼儿园生活活动开展策略。
3. 能够选择蒙台梭利教育内容应用于幼儿园生活活动。
4. 能够用心从教，具备创新精神、敬业精神。

三、任务描述

幼儿园案例

春天来了，老师请小朋友们把冬被带回家。午睡起床后，老师引导小朋友们互相帮助叠被、装被。

表 4-1-1　任务单

项目	实训
我国幼儿园生活活动与蒙台梭利日常生活教育理念辨析	1．对比我国幼儿园生活活动和蒙台梭利日常生活教育的含义。 2．对比我国幼儿园生活活动和蒙台梭利日常生活教育的目的。 3．对比我国幼儿园生活活动和蒙台梭利日常生活教育的内容。 4．对比我国幼儿园生活活动和蒙台梭利日常生活教育的组织策略。

续 表

项目	实训
蒙台梭利教育法融入幼儿园生活活动的可行性分析	1. 选择蒙台梭利日常生活教育内容应用于幼儿园生活活动。 2. 选择蒙台梭利感觉教育内容应用于幼儿园生活活动。 3. 选择蒙台梭利数学教育内容应用于幼儿园生活活动。 4. 选择蒙台梭利语言教育内容应用于幼儿园生活活动。 5. 选择蒙台梭利科学文化教育内容应用于幼儿园生活活动。
蒙台梭利教育法融入幼儿园生活活动的策略	结合蒙台梭利教育法设计本土化生活活动方案并进行课堂汇报。

四、任务分组

将学生按 4 ～ 6 人一组分组，检索信息、搜集材料，小组分工、讨论，结合蒙台梭利教育法设计一份本土化生活活动方案并填写表 4–1–2。

表 4-1-2　任务分配表

组别	任务分配
1	
2	
3	
4	
5	
6	
7	
8	
9	

五、工作准备

收集相关资料，了解幼儿园生活活动含义、内容、价值及组织策略。

● 引导问题 1：幼儿园生活活动的含义是什么？

● 引导问题 2：幼儿园生活活动有哪些内容？

● 引导问题 3：您认为幼儿园的生活活动对幼儿成长发展有何价值？

● 引导问题 4：我国的幼儿园生活活动是如何开展的？

六、工作实施

项目一　我国幼儿园生活活动与蒙台梭利日常生活教育理念辨析

实训一　对比我国幼儿园生活活动和蒙台梭利日常生活教育的含义

●引导问题 1：我国幼儿园生活活动的含义？

____

____

____

●引导问题 2：蒙台梭利日常生活教育的含义？

____

____

____

实训二 对比我国幼儿园生活活动和蒙台梭利日常生活教育的目的

●引导问题 1：我国幼儿园生活活动的目的？

____

____

____

●引导问题 :2：蒙台梭利日常生活教育的目的？

____

____

____

●引导问题 3：您认为我国幼儿园生活活动和蒙台梭利日常生活教育的目的有何异同？

___

___

___

实训三　对比我国幼儿园生活活动和蒙台梭利日常生活教育的内容

●引导问题 1：我国幼儿园生活活动的内容？

___

___

___

●引导问题 2：蒙台梭利日常生活教育的内容？

___

___

___

●引导问题 3：您认为我国幼儿园生活活动和蒙台梭利日常生活教育的内容有何异同？

___

___

___

实训四　对比我国幼儿园生活活动和蒙台梭利日常生活教育的组织策略

●引导问题 1：我国幼儿园生活活动的组织策略？

___

___

___

●引导问题 2：蒙台梭利日常生活教育的组织策略？

____

____

____

●引导问题 3：您认为我国幼儿园生活活动和蒙台梭利日常生活教育的组织策略有何异同？

____

____

____

小提示

表 4-1-3　我国幼儿园生活活动与蒙台梭利日常生活教育理念辨析

辨析项目	我国幼儿园生活活动	蒙台梭利日常生活教育
含义	学前教育机构中满足儿童基本生活需要的活动。	在一定地理环境和文化环境中，针对 2 ~ 6 岁幼儿开展的、以日常生活内容为依托的动作教育。
目的	1. 适应托幼机构生活，为今后发展打基础。 2. 使学前儿童愉快地度过每一天。	1. 使儿童成为文化遗产的继承者与创新者。 2. 使儿童身心和谐健康发展。 3. 弥补家庭教育的缺失。
内容	1. 餐饮活动。 2. 睡眠活动。 3. 盥洗活动。 4. 如厕活动。 5. 整理活动。 6. 散步。 7. 自由活动。	1. 基本动作练习。 （1）身体动作（步行、走线、坐姿、站姿、拿、搬、放）。 （2）手的动作（拧、倒、剪、切、贴、编、撕、敲等）。 2. 社交礼仪行为。 （1）谈话礼仪。 （2）动作礼仪。 3. 照顾环境。 （1）清理、整理工作。 （2）擦洗。 （3）庭院工作。 （4）照顾动植物。 （5）注意自己所接触的人的特征、姓名。 4. 照顾自己（提高自理能力的活动）。
组织策略	1. 日常生活是学习的重要途径。 2. 区域活动（利用玩具、生活用具）。	1. 区域活动（利用玩具、生活用具）。 2. 渗透于一日生活。

项目二　蒙台梭利教育法融入幼儿园生活活动

实训一　选择蒙台梭利日常生活教育内容应用于幼儿园生活活动

案例导入：托、小班幼儿洗完手后，常会弄湿手腕至胳膊肘处的衣袖，袖口湿得尤其厉害。在春、秋、冬季节，幼儿衣服穿得较多，还会弄湿内外几层衣袖。洗完手后，地上常常留下一片水迹，很容易导致幼儿滑倒。[①]

●引导问题 1：您认为案例中幼儿出现这些问题的原因有哪些？

____

____

____

●引导问题 2：您会开展哪些日常生活教育活动来解决案例中的问题？

____

____

____

●引导问题 3：您认为有哪些蒙台梭利日常生活教育内容可以融入我国幼儿园生活活动之中？

____

____

____

---

① 宋文霞，王翠霞．幼儿园一日生活环节的组织策略 [M]. 北京：中国轻工业出版社，2012：46.

小提示

1. 将教育融入生活之中，可以引导幼儿进行日常打扫，如扫地、拖地、擦桌子等；午睡前后引导幼儿自己穿脱衣裤、鞋袜；午餐时引导幼儿自主进餐；喝水时引导幼儿自己倒水、清洁水杯；洗手时引导幼儿学习盥洗礼仪等。

2. 设置日常生活区，放置日常生活用具、蒙台梭利日常生活教具等。

3. 教育中渗透谈话礼仪、动作礼仪等。

实训二　选择蒙台梭利感觉教育内容应用于幼儿园生活活动

案例导入：这天上午，天阴沉沉的，很快，就下起了雨。孩子们很好奇，都聚集在窗口向外看。班主任老师看到后，组织孩子们带好雨具，穿好雨鞋，来到操场上，看雨滴落在水里的波纹，听雨水打到不同物体上的声音。回班级后，孩子们画出了美丽的水波纹，还学会了用很多拟声词来形容雨水的声音。

班主任老师在班级日志里写道："幼儿的思维以具体形象思维为主，如果仅仅接触间接经验，则脑中的印象不深刻。若是在可能的情况下，既听又看，还用手摸摸玩玩，就会记得完整、牢固，感官刺激恰恰能实现这一过程。所以，幼儿园应为幼儿提供丰富的环境，对其感官进行刺激，使幼儿的多种感觉器官如眼、耳、手积极地活动起来。"

●引导问题 1：您认为我国幼儿园生活活动中有感觉教育吗？如果有，包括哪些呢？

____

____

____

●引导问题 2：关于"雨"这个案例，您认为包含了哪些感觉体验？

____

____

____

●引导问题 3：蒙台梭利感觉教育的内容包括哪些？

____

____

____

●引导问题 4：我国幼儿园的感觉教育与蒙台梭利感觉教育有何区别？

____

____

____

●引导问题 5：如何在幼儿园生活活动中融入蒙台梭利感觉教育呢？

____

____

____

小提示

例如：小朋友们在排队时，可引导幼儿按照从低到高的顺序排队；老师在走廊墙壁上安装大型触摸墙；小朋友们按照形状、材质、颜色、大小等归类整理玩具等。

实训三　选择蒙台梭利数学教育内容应用于幼儿园生活活动

案例导入：这一天的点心是饼干，老师请小朋友们边吃边数，自己从托盘中拿走了几块饼干，并做好记录。

●引导问题 1：案例中的教师为什么要请小朋友边吃边数饼干？

____

____

____

●引导问题 2：蒙台梭利数学教育中哪些活动能够引入幼儿园生活活动？

____

____

____

小提示

例如：值日生按照小朋友的人数分发碗筷；小朋友按照自己的学号取放毛巾。

实训四　选择蒙台梭利语言教育内容应用于幼儿园生活活动

案例导入：幼儿园为每日的午餐环节组织了报餐活动，小报餐员需要向同伴们介绍今天的午餐菜品，并说说它们的口味和营养。

●引导问题 1：案例中的报餐活动对幼儿的语言发展有何作用？

____

____

____

●引导问题 2：蒙台梭利语言教育中哪些活动能够引入幼儿园生活活动？

____

____

____

小提示

例如：小朋友认真听老师点名；老师可请小朋友向家长转述家庭小任务；晨间活动可引导小朋友和同伴说说昨天发生的事；小朋友根据老师绘制的步骤图洗手等。

实训五　选择蒙台梭利科学文化教育内容应用于幼儿园生活活动

案例导入：老师将电子表和自制入园打卡表放置在班级门口，小朋友来到自己的教室门口时，需要记录自己的到园时间。

● 引导问题 1：案例中打卡活动的目的是什么？

____

____

____

● 引导问题 2：蒙台梭利科学文化教育中哪些活动能够引入幼儿园生活活动？

____

____

____

小提示

例如：餐后散步环节请小朋友观察种植区的植物；午睡环节，幼儿园可选择本地区、本民族的特色音乐唤醒小朋友。

项目三　蒙台梭利教育法融入幼儿园生活活动的策略

实训一　结合蒙台梭利教育法设计本土化生活活动方案并进行课堂汇报

● 分组任务：4～6 人一组分组，结合蒙台梭利教育法设计一份本土化生活活动方案，在课堂汇报小组方案并使用“蒙台梭利本土化生活活动方案课堂展示评价表”进行评价。

七、评价反馈

表 4-1-4　蒙台梭利本土化生活活动方案课堂展示评价表

评价标准	小组自评	组间互评	教师评价	得分
对蒙台梭利生活活动有全面、正确的认识（20 分）				
蒙台梭利生活教育活动方案本土化设计合理（20 分）				
语言表达清晰、逻辑性强、重点突出（10 分）				
对汇报内容有自己的思考与理解（10 分）				
小组成员分工明确、学习自主性高（10 分）				
信息检索手段灵活、多元，如网络、书籍、微课、慕课等（10 分）				
展示方式多样，如利用视频、PPT 等（10 分）				
仪容整洁，仪态大方（10 分）				

八、知识点脉络

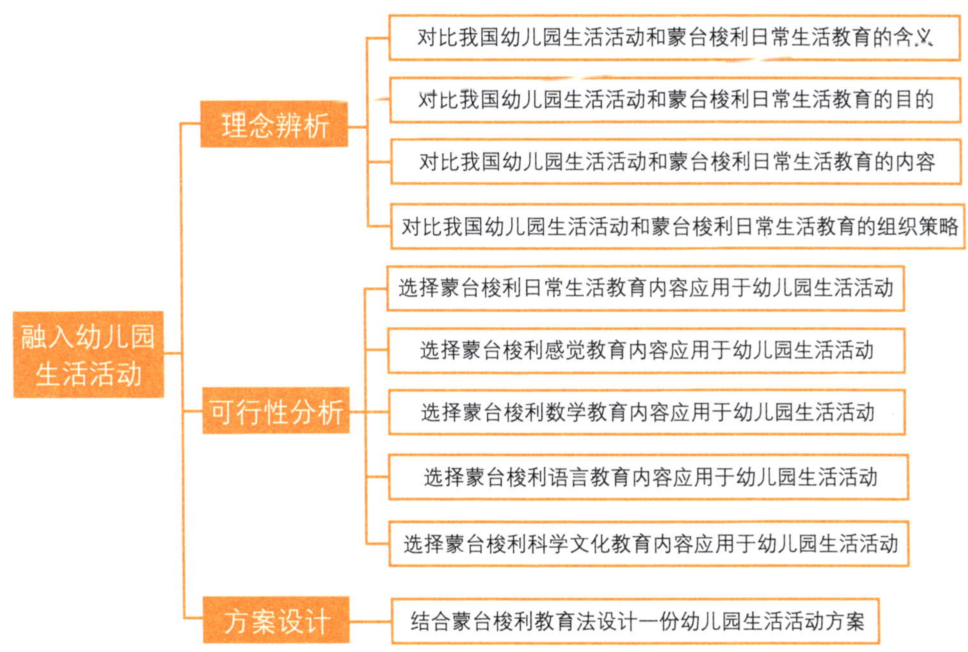

任务 2　融入幼儿园区域活动

一、学习情境描述

《幼儿园教育指导纲要（试行）》提出：“幼儿园的空间、设施、活动材料和常规要求等应有利于引发、支持幼儿的游戏和各种探索活动，有利于开发、支持幼儿与周围环境之间积极的相互作用。”“1+X”《幼儿照护职业技能等级标准》中明确提出岗位要求：“能创设学习化的机构环境（包含蒙氏、奥尔夫音乐及早期阅读等）。能创设符合发展适宜性的机构环境。”

蒙台梭利是第一个提出区域教育活动思想的教育家，认为教师应当将教育领域划分为不同活动区，亲自设置和规划幼儿园教室里各个区域的教具及相应的教育活动，以便于幼儿能借助这些教具和操作活动自发地集中工作，从而实现教育目标。

二、学习目标

1. 了解幼儿园区域活动含义、特点及种类。
2. 了解幼儿园区域活动的组织与指导。
3. 能够将蒙台梭利教育法融入幼儿园区域活动。
4. 树立创新创业精神。

三、任务描述

幼儿园案例

《3—6 岁儿童学习与发展指南》中提出，要让幼儿关注周围事物的变化，对周围事物的变化有好奇心和求知欲。要让幼儿在科学活动中亲身体验、直接感知、实际操作，探索和发现自己感兴趣的内容。冬至的传统习俗是搓汤圆，孩子们第一次在幼儿园和同伴们一起搓汤圆，他们都很积极地投入活动中。活动是在热心家长的协助下完成的，家长们在将糯米粉揉成团之后，把大面团按每组人数平均分成几个小面团分发给孩子，孩子们再把自己的小糯米团搓成小汤圆放入盒子里。孩子们好奇，为什么自己搓

的汤圆只有白色的，为什么妈妈煮的汤圆是五颜六色的？彩色汤圆是怎么变出来的？我们能不能做出来呢？可以让彩色汤圆变出哪些不同的造型呢？于是一场关于汤圆的探索活动开始了。

表 4-2-1 任务单

项目	实训
我国幼儿园区域活动与蒙台梭利区域活动理念辨析	1. 对比我国幼儿园区域活动和蒙台梭利区域活动的种类。 2. 对比我国幼儿园区域活动和蒙台梭利区域活动使用的材料。 3. 对比我国幼儿园区域活动和蒙台梭利区域活动的规则。 4. 对比我国幼儿园区域活动和蒙台梭利区域活动的指导。 5. 对比我国幼儿园区域活动和蒙台梭利区域活动的评价。
蒙台梭利教育法融入幼儿园区域活动的可行性分析	1. 选择蒙台梭利日常生活用具和教具应用于幼儿园区域活动。 2. 选择蒙台梭利感觉教具应用于幼儿园区域活动。 3. 选择蒙台梭利数学教具应用于幼儿园区域活动。 4. 选择蒙台梭利语言教具应用于幼儿园区域活动。 5. 选择蒙台梭利科学文化教具应用于幼儿园区域活动。
蒙台梭利教育法融入幼儿园区域活动的策略	设计蒙台梭利区域活动本土化方案并进行课堂汇报。

四、任务分组

将学生按 4 ～ 6 人一组分组，检索信息、搜集材料，小组分工、讨论，设计蒙台梭利区域活动本土化方案并填写表 4-2-2。

表 4-2-2 任务分配表

组别	任务分配
1	
2	
3	
4	

续 表

组别	任务分配
5	
6	
7	
8	
9	

五、工作准备

收集相关资料，了解幼儿园区域活动含义、内容及价值，了解幼儿园区域活动的组织与指导。

● 引导问题 1：幼儿园区域活动的含义、特点和种类是什么？

____

____

____

● 引导问题 2：幼儿园区域分为哪些？如何划分？

____

____

____

● 引导问题 3：如何有效组织与指导幼儿园区域活动？

____

____

____

六、工作实施

项目一　我国幼儿园区域活动与蒙台梭利区域活动辨析

实训一　对比我国幼儿园区域活动和蒙台梭利区域活动的种类

● 引导问题 1：我国幼儿园区域活动有哪些种类？

____

____

____

● 引导问题 2：蒙台梭利区域活动有哪些种类？

____

____

____

● 引导问题 3：我国幼儿园区域活动和蒙台梭利区域活动的种类有何异同？

____

____

____

实训二　对比我国幼儿园区域活动和蒙台梭利区域活动使用的材料

● 引导问题 1：我国幼儿园区域活动使用的材料有哪些？

____

____

____

● 引导问题 2：蒙台梭利区域活动使用的材料有哪些？

____

____

____

● 引导问题 3：我国幼儿园区域活动和蒙台梭利区域活动使用的材料有何异同？

____

____

____

实训三　对比我国幼儿园区域活动和蒙台梭利区域活动的规则

● 引导问题 1：我国幼儿园区域活动的规则是什么？

____

____

____

● 引导问题 2：蒙台梭利区域活动的规则是什么？

____

____

____

● 引导问题 3：我国幼儿园区域活动和蒙台梭利区域活动的规则有何异同？

____

____

____

实训四 对比我国幼儿园区域活动和蒙台梭利区域活动的指导

●引导问题1：我国幼儿园区域活动是如何组织和指导的？

●引导问题2：蒙台梭利区域活动是如何进行指导的？

●引导问题3：我国幼儿园区域活动和蒙台梭利区域活动的指导有何异同？

实训五 对比我国幼儿园区域活动和蒙台梭利区域活动的评价

●引导问题1：我国幼儿园区域活动是如何进行评价的？

●引导问题2：蒙台梭利区域活动是如何进行评价的？

●引导问题 3：我国幼儿园区域活动和蒙台梭利区域活动的评价有何异同？

____

____

____

小提示

表 4-2-3　我国幼儿园区域活动与蒙台梭利区域活动理念辨析

<table>
<tr><th>辨析项目</th><th>我国幼儿园区域活动[①]</th><th>蒙台梭利区域活动</th></tr>
<tr><td>含义</td><td>教师以教育目标、儿童感兴趣的活动材料和活动类型为依据，将活动室的空间相对划分为不同区域，吸引儿童自主选择并在活动区中通过与材料、环境、同伴的充分互动而获得学习与发展的活动。</td><td>区域活动在世界各地的兴起源于蒙台梭利的教育理论。她反对以教师为中心的填鸭式教学，主张由日常生活训练入手设计良好的学习环境、丰富的教具，让儿童自发主动地操作、练习，逐步建立完善人格。</td></tr>
<tr><td>目的</td><td colspan="2">获得不同的“关键经验”。</td></tr>
<tr><td>区域种类</td><td>生活劳动区、语言区、科学区、美工区、文化区、建构区、表演区、大运动区等。</td><td rowspan="2">蒙台梭利将教育内容物化为“工作材料”——教具，根据蒙台梭利教具种类，可将活动区划分为日常生活区、感觉区、数学区、语言区、科学文化区。</td></tr>
<tr><td>使用材料</td><td>目的性、适宜性、丰富性、层次性、启发性、操作性、探索性、整合性、开放性。</td></tr>
<tr><td>活动规则</td><td colspan="2">1. 一般性规则：能自选区域活动、积极愉快活动；使用材料先来后到；用什么拿什么，用完后放回原处；不拿玩具到处走动。
2. 各区活动细则：美工区——使用剪刀注意安全、注意坐姿和用眼卫生；语言区——爱护图书、及时归类等。</td></tr>
</table>

① 郑建成 . 学前教育学 [M]. 复旦大学出版社，2021：134-154.

续 表

辨析项目	我国幼儿园区域活动	蒙台梭利区域活动
指导方法	1. 观察记录。 2. 介入。 （1）直接介入：教师直接参与到区域活动中去，提出具体明确的要求。这个方法适用于做事没有耐心、需要个别教育和指导的幼儿。 （2）记者采访：教师通过扮演记者的角色，以采访的形式指导区域活动，记录幼儿的活动过程，再以新闻发布的方式进行评价。 （3）共同探究：教师以朋友的身份与幼儿一起探讨。	1. 观察记录。 根据幼儿课程进度表。 2. 教具示范方法。 以个别指导为主。 3. 教具示范注意事项。 （1）单独指导一个幼儿时，要保证面向全体幼儿。 （2）提前了解幼儿已经做过哪些活动。 （3）充分了解教具目的及操作流程。 （4）教具完整，便于幼儿取放。 （5）示范教具时，必须清除环境中不必要的物品。 （6）示范教具时，教师应在幼儿右侧。 （7）示范教具时，教师不可态度冷漠。 （8）示范教具时，必须让幼儿从头到尾看到完成为止。 （9）禁止幼儿以错误的方法使用教具。 （10）教导幼儿如何取放教具，要求幼儿在使用完毕后收拾完整、放回原位。 （11）教具需常更换，但勿过量，宜逐渐替换。
评价与调整	1. 从幼儿的活动方面进行评价。 2. 从区域活动规则上进行评价。	1. 从幼儿的活动方面进行评价。 2. 从区域活动规则上进行评价。 3. 针对每个幼儿制定课程计划表。

项目二　蒙台梭利教育法融入幼儿园区域活动

实训一　选择蒙台梭利日常生活教具应用于幼儿园区域活动

● 引导问题 1：蒙台梭利日常生活教育用具、教具包括哪些？

______

______

______

● 引导问题 2：您认为以上用具、教具应该分别投放到幼儿园哪些区域中？

______

实训二　选择蒙台梭利感觉教具应用于幼儿园区域活动

●引导问题 1：蒙台梭利感觉教具包括哪些？

●引导问题 2：您认为以上教具应该分别投放到幼儿园哪些区域中？

实训三　选择蒙台梭利数学教具应用于幼儿园区域活动

●引导问题 1：蒙台梭利数学教具包括哪些？

●引导问题 2：您认为以上教具应该分别投放到幼儿园哪些区域中？

实训四　选择蒙台梭利语言教具应用于幼儿园区域活动

●引导问题 1：蒙台梭利语言教具包括哪些？

____

____

____

●引导问题 2：您认为以上教具应该分别投放到幼儿园哪些区域中？

____

____

____

实训五　选择蒙台梭利科学文化教具应用于幼儿园区域活动

●引导问题 1：蒙台梭利科学文化教具包括哪些？

____

____

____

●引导问题 2：您认为以上教具应该分别投放到幼儿园哪些区域中？

____

____

____

小提示

表 4-2-4　蒙台梭利教具融入我国幼儿园区域活动

<table>
<tr><th>项目</th><th colspan="2">蒙台梭利教具</th><th>我国幼儿园活动区</th></tr>
<tr><td rowspan="5">蒙台梭利日常生活教具、用具</td><td rowspan="2">基本动作练习</td><td>对倒固体、舀固体、使用练习筷或镊子夹、夹夹子、对倒水、滴管倒水、螺钉与螺母、木槌钉钉子、投硬币</td><td>生活劳动区</td></tr>
<tr><td>剪纸、贴工、印章、串珠子</td><td>美工区</td></tr>
<tr><td>照顾自己</td><td>刷鞋子、擦鼻涕、梳头发、衣饰框、洗手、梳妆、刷牙</td><td>角色游戏区、生活区</td></tr>
<tr><td rowspan="2">照顾环境</td><td>擦桌子、洗餐具、插花</td><td rowspan="2">种植区、科学区</td></tr>
<tr><td>给植物浇水、擦叶子</td></tr>
<tr><td rowspan="5">蒙台梭利感觉教具</td><td>视觉教具</td><td>大小(圆柱体组、粉红塔、棕色梯、长棒);颜色(彩色圆柱体、色板);形状(几何图形嵌板、几何学立体组、构成三角形)</td><td>益智区、建构区</td></tr>
<tr><td>触觉教具</td><td>触觉板、温觉板、重量板、神秘袋</td><td>科学区</td></tr>
<tr><td>听觉教具</td><td>音筒、音感钟</td><td>音乐区</td></tr>
<tr><td>味觉教具</td><td>味觉瓶</td><td>生活区、科学区</td></tr>
<tr><td>嗅觉教具</td><td>嗅觉筒</td><td>生活区、科学区</td></tr>
<tr><td>蒙台梭利数学教具</td><td colspan="2">数棒、砂纸数字板、纺锤棒箱、数字与筹码、彩色串珠梯、金黄串珠组、塞根板、一百板、邮票游戏、加法板、减法板、分数小人</td><td>数学区、益智区</td></tr>
<tr><td>蒙台梭利语言教具</td><td colspan="2">名词三步卡、姓名三步卡、动词卡片、反义词卡片、同义词卡片、量词卡片、句子三步卡、砂纸笔画板、砂纸偏旁部首板、汉字砂纸板、缝汉字、涂画文字、拼字练习、金属嵌板描画、连虚线画图案、绘本</td><td>语言区、阅读区</td></tr>
<tr><td>蒙台梭利科学文化教具</td><td colspan="2">植物嵌板、植物三段卡、动物嵌板、动物三段卡、认识“年”、认识“月”、认识“星期”、认识“四季”、认识左右手、地球仪、指南针、世界地图嵌板、亚洲地图嵌板、中国地图嵌板、各国国旗、太阳结构三步卡、八大行星嵌板、八大行星拼图、八大行星符号三步卡、月象卡片、星座画册、地球的层次结构、地球构造三步卡、火山爆发实验、岩石的三种形态、人体拼图、人体三步卡、认识手和脚、认识骨骼</td><td>科学区</td></tr>
</table>

项目三　蒙台梭利教育法融入幼儿园区域活动的策略

实训一　设计蒙台梭利区域活动本土化方案并课堂汇报

●分组任务：4～6人一组分组，设计一份蒙台梭利区域活动本土化方案（附录4），在课堂汇报小组方案并使用“蒙台梭利区域活动本土化方案课堂展示评价表”进行评价。

小提示

表 4-2-5　蒙台梭利区域活动本土化方案实例

游戏名称：生活区搓汤圆　　　　　　　　　　　　年龄班：中班

游戏来源	《3—6岁儿童学习与发展指南》中提出，要让幼儿关注周围事物的变化，对周围事物的变化有好奇心和求知欲。要让幼儿在科学活动中亲身体验、直接感知、实际操作，探索和发现自己感兴趣的内容。冬至的传统习俗是搓汤圆，孩子们第一次在幼儿园和同伴们一起搓汤圆，他们都很积极地投入活动中。活动是在热心家长的协助下完成的，家长们在将糯米粉揉成团之后，把大面团按每组人数平均分成几个小面团分发给孩子，孩子们再把自己的小糯米团搓成小汤圆放入盒子里。孩子们好奇，为什么自己搓的汤圆只有白色的，为什么妈妈煮的汤圆是五颜六色的？彩色汤圆是怎么变出来的？我们能不能做出来呢？可以让彩色汤圆变出哪些不同的造型呢？于是一场关于汤圆的探索活动开始了。
预期目标	1. 排除形状、排列顺序的干扰，正确计数并做记录。 2. 能将自己的排列方式用自己的话表达出来。
材料投放	糯米粉、胡萝卜、紫番薯、菠菜、盘子若干、捣药罐
游戏玩法	1. 将糯米粉加水揉成面团。 2. 将糯米团分成小小的几个团，按自己的想法摆放到盘子里。 3. 用图文表征的方式记录自己的观察结果。
●游戏推进一：	
观察分析	观察：幼儿看过各种各样颜色的汤圆，但是汤圆是怎么变出颜色来的呢？彩色汤圆是什么味道的呢？生活中有哪些东西是有颜色的呢？孩子们展开讨论，猜测用彩虹糖泡水、果汁等现成的材料。 分析：幼儿愿意探索、猜测，并用自己的实际行动去验证结果。
调整推进	材料调整：彩虹糖浸泡后的水颜色太浅，糯米粉变不了色；果汁也是类似的情况。 因此调整材料，将食物蒸熟后，碾碎、加水混入糯米团中。食材从哪里来？决定去厨房求助叔叔阿姨，请他们帮忙提供食材并蒸熟，混入糯米粉里试试会不会让糯米粉变色。

续 表

<table>
<tr><td colspan="2">●游戏推进 二：</td></tr>
<tr><td>观察
分析</td><td>观察：五颜六色的汤圆放在那里，怎么摆会更好看呢？孩子们动起手来，他们一开始是按照颜色的不同分别放在不同的盘子里，一孩子提出，我能不能把不同颜色的汤圆放到同一个盘子里呢？于是，孩子们开始用不同颜色的汤圆排列出不同的造型来。
分析：孩子们有按规律排序的经验，他们设计过项链，他们看到圆形的汤圆就想到项链，尝试用项链的方式来排列汤圆。</td></tr>
<tr><td>调整
推进
（附图）</td><td>1. 目标调整：①尝试将彩色汤圆摆出不同的造型；②尝试用图文表征彩色汤圆的各种造型。
2. 活动调整：提供一样大小形状的铁盘子，他们喜欢用自己的方式来排列汤圆，有的像小房子，有的像彩虹，有的像烟花，还有的是各种各样绽放的花朵。在孩子们试着自己排列汤圆的时候，教师可以引导幼儿用自己的方式进行记录，并提醒幼儿要注意点数汤圆的数量，实事求是地一一对应记录，而非无意识地随便记录，并讨论记录要注意的内容和方法。
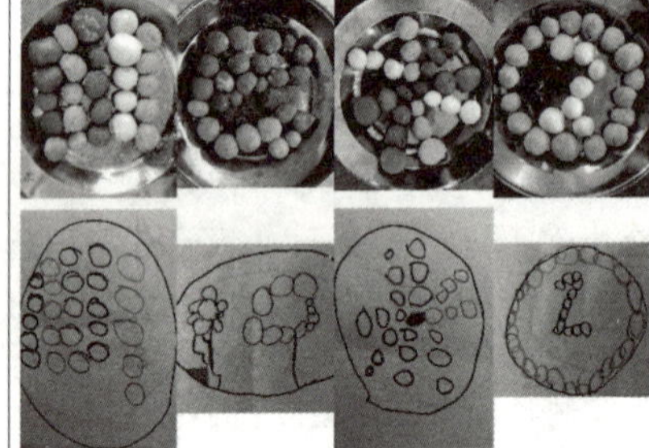 </td></tr>
</table>

七、评价反馈

表 4-2-6　蒙台梭利区域活动本土化方案课堂展示评价表

评价标准	小组自评	组间互评	教师评价	得分
对区域活动有全面、正确的认识（10 分）				
能够科学划分活动区（10 分）				
将蒙台梭利工作材料恰当投放于幼儿园现有活动区（10 分）				
区域活动方案撰写规范（10 分）				
语言表达清晰、逻辑性强、重点突出（10 分）				
对汇报内容有自己的思考与理解（10 分）				
小组成员分工明确、学习自主性高（10 分）				
信息检索手段灵活、多元，如网络、书籍、微课、慕课等（10 分）				

续 表

评价标准		小组自评	组间互评	教师评价	得分
展示方式多样，如利用视频、PPT 等（10 分）					
仪容整洁，仪态大方（10 分）					
改进意见					

八、知识点脉络

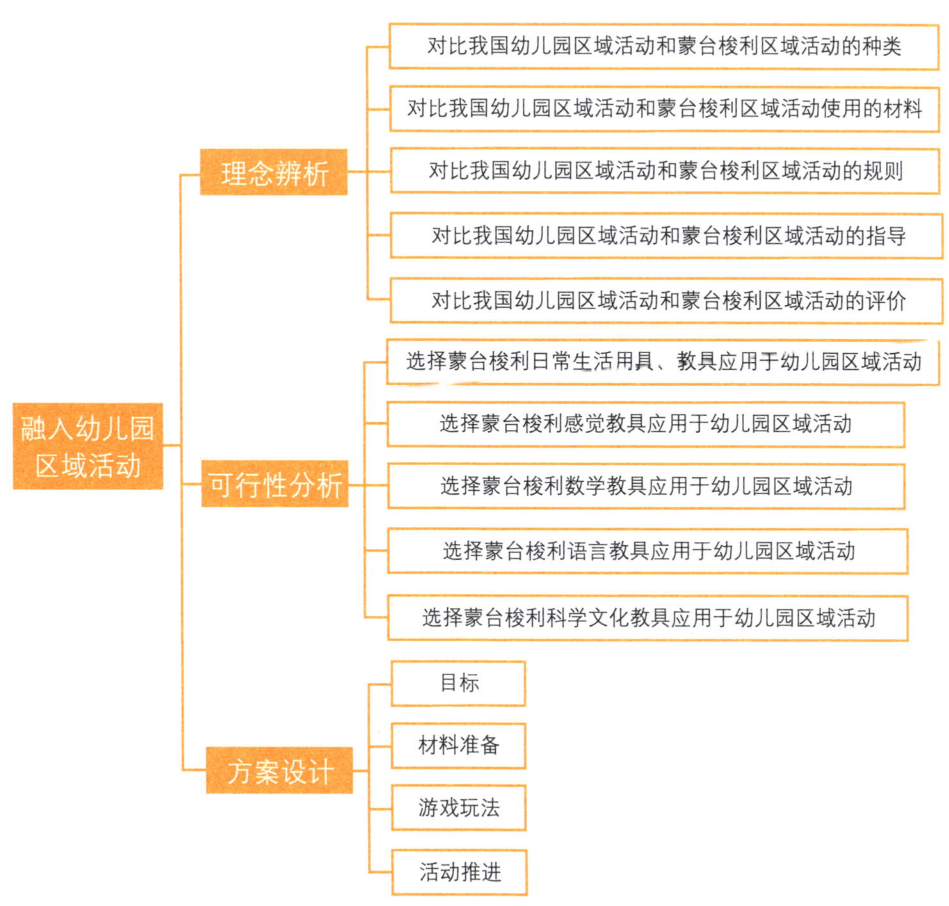

任务 3　融入幼儿园教育活动

一、学习情境描述

《学前教育专业师范生教师职业能力标准（试行）》提出：“能够根据《幼儿园教育指导纲要（试行）》《3—6 岁儿童学习与发展指南》的要求，以及幼儿的兴趣需要和年龄特点，选择教育内容，确定活动目标，设计教育活动方案。”

二、学习目标

1．了解幼儿园教育活动含义、价值。

2．了解幼儿园教育活动计划的结构。

3．能够将蒙台梭利教育法融入幼儿园教育活动。

4．树立创新创业精神。

三、任务描述

幼儿园案例

红红这天过生日，妈妈让她带蛋糕到幼儿园分给小朋友们吃。小朋友们一边开心吃着蛋糕，一边热烈讨论起自己的生日来。老师观察到这个现象后，开展了一个认识日历的活动，让小朋友们找找自己的生日是哪一天。

表 4-3-1　任务单

项目	实训
蒙台梭利教育法融入幼儿园教育活动	设计蒙台梭利教育活动本土化方案

四、任务分组

将学生按 4 ～ 6 人一组分组，检索信息、搜集材料，小组分工、讨论，结合蒙台梭利教育法设计一份集体教学活动方案，并填写表 4-3-2。

表 4-3-2　任务分配表

组别	任务分配
1	
2	
3	
4	
5	
6	
7	
8	
9	

五、工作准备

收集相关资料，了解幼儿园教育活动含义、内容及价值，了解幼儿园教育活动开展策略。

●引导问题 1：您认为蒙台梭利教育法是否只适宜于区域活动？

____

____

____

●引导问题 2：如何将蒙台梭利教育法融入幼儿园教育活动中？

____

____

____

六、工作实施

项目一　蒙台梭利教育法融入幼儿园教育活动

实训一　设计蒙台梭利教育活动本土化方案

●引导问题 1：活动的名称是什么？适合的年龄阶段是什么？涉及的领域是什么？

____

____

____

●引导问题 2：活动的目标是什么？

____

____

____

●引导问题 3：活动需要做好哪些准备？

____

____

____

●引导问题 5：活动的过程是怎么样的？

____

____

____

●引导问题 6：可以有哪些延伸活动？

____

●分组任务：4～6人一组分组，设计蒙台梭利教育活动本土化方案（附录6），在课堂汇报小组方案并使用“蒙台梭利教育活动本土化方案课堂展示评价表”进行评价。

小提示 1

表 4-3-3　蒙台梭利教育内容融入我国幼儿园五大领域教育参照表

项目	蒙台梭利教育内容	我国幼儿园领域教育
日常生活教育	基本动作练习	健康
	社交礼仪	社会
	照顾自己	健康
	照顾环境	健康（清理、擦洗、庭院工作）、科学探究（照顾动植物）、社会（帮助他人、服务他人）
感觉教育	视觉教育	科学（数学认知）
	触觉教育	科学（科学探究）
	听觉教育	艺术
	嗅觉教育	科学（科学探究）
数学教育	算术教育	科学（数学认知）
语言教育	听、说、前书写、读	语言
科学文化教育	植物学	科学（科学探究）
	动物学	科学（科学探究）
	地理学	科学（科学探究）
	地质学	科学（科学探究）
	天文学	科学（科学探究）
	历史学	科学（数学认知）
	科学实验	科学（科学探究）
	人体生理学	科学（科学探究）
	传统文化	社会、艺术、语言等

小提示 2

切忌将蒙台梭利数学教育等同于算术教育

蒙台梭利数学教育被广大幼儿园借鉴使用。蒙台梭利数学教育是以蒙台梭利数学教具为媒介的算术教学。这是否过于窄化理解了数学教育的内涵呢？蒙台梭利博士认为，数学应该是一连串的逻辑思考与串联，经过比较、分类与归纳，找出其共同的相关性，并借助计算方法得到理想的答案。显然，蒙台梭利博士对数学教育的内涵界定是十分宽泛的。那么，她究竟是怎样践行其数学教育理念的呢？事实上，蒙台梭利将算术之外的其他数学教育内容分布于日常生活教育、感觉教育、科学文化教育之中，它是一个完整的教育体系。首先，蒙台梭利数学教育从日常生活导入，让幼儿在生活与操作中熟悉数字、数量、图形，建立起相关的抽象概念，并明白他们之间的逻辑关系。其次，蒙台梭利数学教育以感觉教育为基础。蒙台梭利博士认为幼儿在学习“数”之前首先应该具备那些未经数值化的量的概念，如大小、长短、轻重、冷热等。幼儿在操作感觉教具时，通过自己的感觉器官掌握物体属性的要素关系；在对应、排序、分类过程中，逐渐形成逻辑思考能力、分析能力等。再次，蒙台梭利数学教育内容自成体系。为使幼儿能由浅入深地掌握数学知识，蒙台梭利博士遵循从简单到复杂，从具体到抽象，从单一认识到综合操作的法则，把学习数学的过程合理分解为算术、代数和几何三大部分，形成条理清晰、层次分明的内容体系。最后，蒙台梭利将时间概念、如日、月、年、四季、小时、分钟等纳入科学文化教育中的历史学。因为她认为历史是时间流淌的过程，时间的意义依赖于一个个具体事件的产生与发展。她主张利用时间线来学习历史，让幼儿了解时间，感受时间与人之间的关系，养成遵守时间的良好习惯。

总之，教师在实施蒙台梭利数学教育时，应当将目光聚焦于整个蒙台梭利教育法，而不能只局限于其数学教育部分。

表 4-3-4 数学教育核心经验与蒙台梭利数学教育内容对照表

项目	数学教育核心经验	蒙台梭利教育内容	对应教具
集合	物体分类的教育	感觉教育	彩色圆柱体、色板Ⅰ、色板Ⅱ
	两组物体的相等和不相等	数学教具	金黄串珠组、彩色串珠梯
数	10 以内的基数	数学教育	数棒、砂纸数字板、数字卡片、纺锤棒箱、0 的游戏、数字与筹码、彩色串珠梯、金黄串珠组
	10 以内的序数	数学教育	数棒
	数字的认读与书写	数学教育	砂纸数字板
	10 以内数的组成	数学教育	数棒、砂纸数字板 、彩色串珠梯、金黄串珠组
数的运算	自编应用题 10 以内的加减	数学教育	银行游戏、邮票游戏
量	量的比较	感觉教育	粉红塔、棕色梯、彩色圆柱体、插座圆柱体、红棒、触觉板、色板Ⅲ、温觉板、重量板、听筒
	量的排序	感觉教育	粉红塔、棕色梯、彩色圆柱体、插座圆柱体、红棒、色板Ⅲ、触觉板、温觉板、重量板、听筒
	量的守恒	感觉教育	构成三角形、长方形盒、大六边形、小六边形盒、几何学立体组
	量的等分	感觉教育	分数小人、分数嵌板
形	平面图形	感觉教育	构成三角形、几何图形橱
	立体图形	感觉教育	几何学立体组
空间	空间方位的辨认	科学文化教育	左右手轮廓图、身体轮廓图、绘制平面图
时间	时间单位认知	科学文化教育	计时器
	认识日历	科学文化教育	日历板
	认识时钟	科学文化教育	时钟、时钟拼图、时钟三段卡

小提示 3

中班数学活动《蜈蚣叔叔的袜子》

活动目标：

1. 通过观察、探索，了解序列的规律。

2. 感受故事中蜈蚣叔叔穿袜子时的特别和有趣，初步尝试按一定的规律排序。

3. 激发幼儿对数学活动的兴趣，能大胆讲述自己的操作过程和结果。

活动准备：

绘本课件、蜈蚣材料、各色袜子（卡片）

活动过程：

（一）游戏“动动我的小脚”引题，激发兴趣

拍拍我的小脚，小脚跑一跑；拍拍我的小脚，小脚抬一抬；拍拍我的小脚，并并拢。我们每个人都有几只脚？有一个朋友它长着许多脚呢，猜猜它是谁？

（二）逐页阅读绘本，了解排序的规律

1. 蜈蚣先生是嘟嘟的邻居，嘟嘟总叫他叔叔，蜈蚣叔叔是个有名的帅哥。

2. 你最喜欢蜈蚣叔叔什么地方？（引导幼儿按照“头—衣服—袜子”的顺序观察，如衣服整洁、袜子五彩缤纷。）再看看它的袜子，袜子里有什么秘密呢？（蜈蚣叔叔是怎么穿的？引导幼儿了解排序红/绿。）

3. 嘟嘟好几天没有看到蜈蚣叔叔了，蜈蚣叔叔怎么了？你从哪里看出来蜈蚣叔叔生病了？（躺在床上、触角都耷拉下来。）

4. 妈妈准备了些礼物让嘟嘟去看望蜈蚣叔叔，“蜈蚣叔叔您好。妈妈说这个送给你，希望你能早日康复！” “谢谢你小嘟嘟。有你的关心我一定能很快好起来！对了，你可以帮我一个忙吗 ？一会儿有客人要来，我必须穿袜子。可是我没有力气。”如果你是嘟嘟你愿意帮忙吗？（愿意。）你们真是有爱心的好孩子，喜欢帮助别人。对了，小嘟嘟和你们一样是个乐意帮助别人的好孩子，他也愿意帮助蜈蚣叔叔穿袜子。

看！蜈蚣叔叔开心地笑着说：“袜子都晒在院子里。”

5. 嘟嘟来到了院子里。蜈蚣叔叔院子里的袜子都有哪些颜色？它是怎么晒它的袜子的？（红袜子排成一排，黄袜子排成一排……）

总结：蜈蚣叔叔把相同颜色的袜子放在一起。

（三）幼儿尝试排序

1. 嘟嘟看到这么多颜色的袜子，心想：该怎么来穿呢？

2. 蜈蚣叔叔说：“我会按照不同的日期来穿。”

星期一蓝绿蓝绿，星期二红红绿红红绿

星期三红绿蓝（排一半，让孩子们尝试排序……）

（四）幼儿操作

1. 指导语：今天我也为大家准备了许多的袜子和蜈蚣叔叔的照片，让我们一起来帮帮它吧。

2. 播放钢琴曲：

（1）小朋友先在小椅子上找到小正方形。

（2）到桌子上取一个小箩筐和一张蜈蚣叔叔的照片。

（3）请小朋友一起帮蜈蚣叔叔穿袜子（从左往右，从头到尾）。

情景一：蜈蚣叔叔星期一　蓝绿蓝绿

情景二：蜈蚣叔叔星期二　红红绿红红绿

情景三：蜈蚣叔叔星期三　红绿蓝

星期四和星期五要怎么穿，你们帮蜈蚣叔叔设计设计。

3. 幼儿操作，指导幼儿有序地操作学具，能规律排序。（及时拍下幼儿有创意的穿法。）

指导语：你帮蜈蚣叔叔按照什么规律穿袜子的呢？

（五）讲评小结

1. 集中：大家动作可真快，设计了这么多的方法，我们一起欣赏一下。你来介绍一下按照什么规律穿的呢？这样的穿法果真让人赏心悦目。我真是越看越喜欢！谢谢你！

2. “叩叩叩”，这时，门外传来了一阵敲门声，原来是蜜蜂阿姨来看望蜈蚣叔叔了，她还带来了一盒糖果。后面跟着蜗牛叔叔和阿姨，他们带来了一个大蛋糕。小朋友们找一找，蜜蜂阿姨的身上藏着什么规律？蛋糕上有什么规律？在我们的生活中也有许多这样有规律的图案，小朋友回家后也可以去找找来告诉老师。蜈蚣叔叔有好朋友，生病的时候都很关心他，蜈蚣叔叔可感动了！它吃了朋友们带来的礼物，觉得自己越来越有力气了。天黑了，大家都回家了。我们也和蜈蚣叔叔说再见吧！

七、评价反馈

表 4-3-5　蒙台梭利教育活动本土化方案课堂展示评价表

评价标准	小组自评	组间互评	教师评价	得分
对蒙台梭利教育法有全面、正确的认识（20 分）				
能够借鉴蒙台梭利教育法设计幼儿园教育活动方案，撰写规范、合理（20 分）				
语言表达清晰、逻辑性强、重点突出（10 分）				
对汇报内容有自己的思考与理解（10 分）				
小组成员分工明确、学习自主性高（10 分）				
信息检索手段灵活、多元，如网络、书籍、微课、慕课等（10 分）				
展示方式多样，如利用视频、PPT 等（10 分）				
仪容整洁，仪态大方（10 分）				
改进意见				

八、知识点脉络

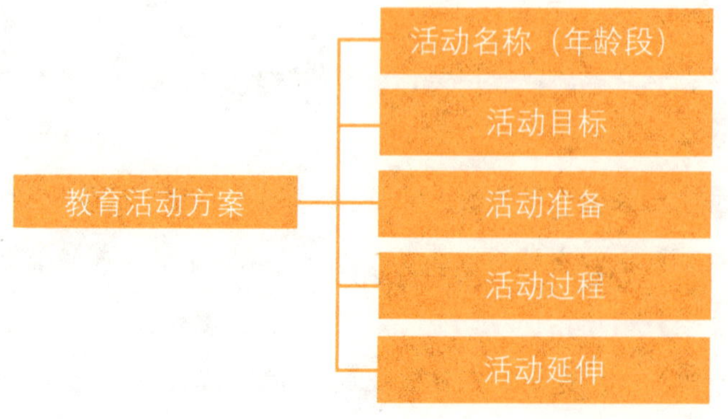

任务 4　蒙台梭利教具本土化设计与制作

一、学习情境描述

《学前教育专业师范生教师职业能力标准（试行）》中要求："能够创设安全、适宜、全面，有助于促进幼儿成长、学习、游戏的物质环境，合理利用资源，为幼儿提供和制作适合的玩教具和学习材料。"

二、学习目标

1. 理解蒙台梭利教具的设计原则。
2. 了解蒙台梭利教具的优缺点。
3. 能够使用生活化材料自制蒙台梭利教具。
4. 能够设计制作本土化玩教具。
5. 树立正确的教育理念，具备批判性思维，强化创新意识，提升创新能力。

三、任务描述

幼儿园案例

幼儿园里，孩子们正在玩几何形体配对游戏。老师在一个厚纸箱上挖了一些几何形体的洞，孩子们将事先准备好的几何形体卡片投入相应形状的洞口中。有幼儿园老师说："蒙台梭利教具在中国幼儿园广为应用，但由于蒙台梭利教具价格昂贵，种类有限，在当前幼儿园中还是进行蒙台梭利教具的再创造更为经济。而且，各地区的文化、物质资源也很不同，为了满足蒙台梭利教育时代性和适宜性的需要，我们应该多自主研发玩教具，来满足幼儿多方面发展的需要。"

表 4-4-1　任务单

项目	实训
使用生活化材料自制蒙台梭利教具	1. 自制日常生活教具。 2. 自制感觉教具。 3. 自制数学教具。 4. 自制语言教具。 5. 自制科学文化教具。
设计制作本土化蒙台梭利教具	1. 结合《3—6 岁儿童学习与发展指南》针对不同年龄阶段幼儿设计制作不同领域玩教具。 2. 设计制作多功能玩教具。 3. 设计制作主题式玩教具。

四、任务分组

将学生按 4 ～ 6 人一组分组，设计并制作蒙台梭利教具，并填写表 4-4-2。

表 4-4-2　任务分配表

组别	任务分配
1	
2	
3	
4	
5	
6	
7	
8	
9	

五、工作准备

通过收集相关资料，观看数字资源以及检索网络信息等方式了解蒙台梭利设计教玩具的依据，理解蒙台梭利教具的设计原则。收集蒙台梭利教具本土化的实例，理解蒙台梭利教具本土化的理念与方法。

蒙台梭利教具本土化设计与制作数字资源

●引导问题 1：您知道蒙台梭利教具的设计原则是什么吗？

●引导问题 2：您认为蒙台梭利教具的优缺点是什么？

●引导问题 3：您会选择什么样的材料来制作教具呢？

●引导问题 4：您将如何进行蒙台梭利教具的本土化设计？

六、工作实施

项目一　使用生活化材料自制蒙台梭利教具

实训一　自制日常生活教具

●引导问题 1：生活中还可以运用哪些材料引导幼儿开展基本动作练习？

●引导问题 2：您还发现了哪些材料能够直接用于日常生活教育？

●分组任务：设计日常生活用具，在课堂展示并使用“蒙台梭利教具替代制作评价表”进行小组评价。

实训二　自制感觉教具

●引导问题：您认为哪些感觉教具可以进行改进呢？

●分组任务：请使用生活化的材料替代蒙氏感觉教具，在课堂展示并使用“蒙台梭利教具替代制作评价表”进行小组评价。

实训三　自制数学教具

●引导问题：如何在保证数学教育科学性与逻辑性的基础上，选择合适的材料进行玩教具制作，使数学教育变得有趣好玩呢？

●分组任务：请使用生活化的材料自制数学教具，在课堂展示并使用“蒙台梭利教具替代制作评价表”进行小组评价。

实训四　自制语言教具

●引导问题：您认为蒙台梭利语言教育中哪些内容需要用到教具？

____

____

____

●分组任务：请使用生活化的材料替代蒙氏语言教具，在课堂展示并使用“蒙台梭利教具替代制作评价表”进行小组评价。

实训五　自制科学文化教具

●引导问题：您认为蒙台梭利科学文化教育中哪些内容需要用到教具？

____

____

____

●分组任务：请使用生活化的材料替代蒙氏科学文化教具，在课堂展示并使用“蒙台梭利教具替代制作评价表”进行小组评价。

项目二　设计制作本土化蒙台梭利教具

实训一　结合《3—6 岁儿童学习与发展指南》针对不同年龄阶段幼儿设计制作不同领域玩教具

●引导问题 1：不同年龄段的幼儿在不同领域有什么样的发展特点？

____

●分组任务：根据5岁幼儿的发展特点，制作一套蒙台梭利教具，撰写蒙台梭利教育活动方案（附录5），在课堂展示并使用“自制蒙台梭利教具评价表”进行小组评价。

实训二　设计制作多功能玩教具

案例导入：

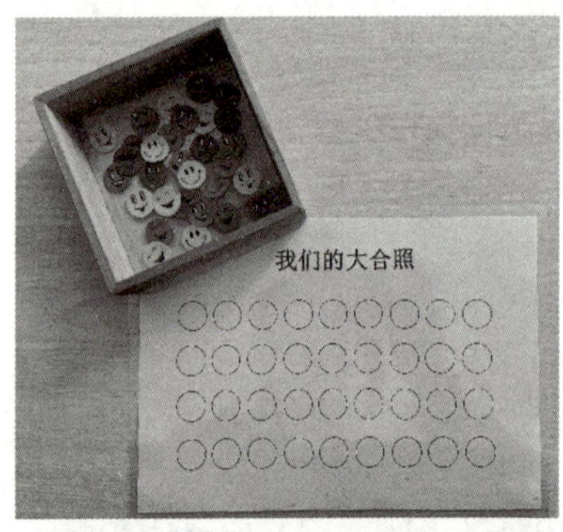

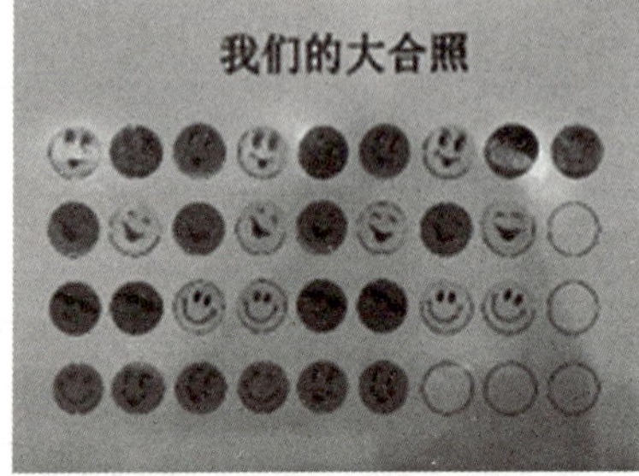

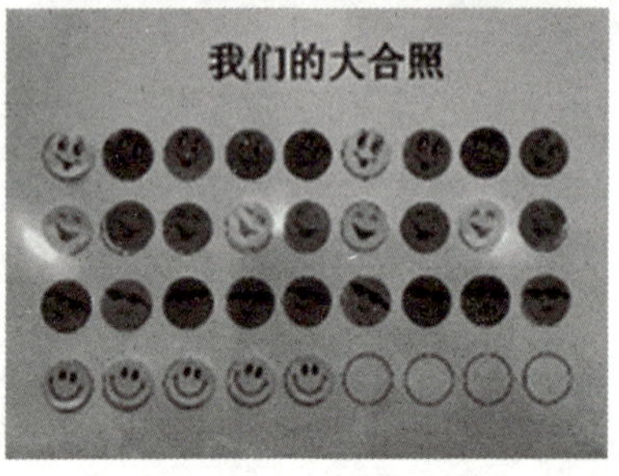

●引导问题1：请操作这件教具，写下操作方法、教学目的。

●引导问题2：这件教具与蒙台梭利经典教具有何不同？

●分组任务：请设计一件具有多种功能的蒙台梭利教具，撰写蒙台梭利教育活动方案（附录 5），在课堂展示并使用“自制蒙台梭利教具评价表”进行小组评价。

实训三　设计制作主题式玩教具

●引导问题 1：请选择一个传统节日，收集与之相关的节日元素。

●引导问题 2：如何将节日元素与蒙台梭利教育思想相结合？

●分组任务：小组自选任意主题，设计制作一件本土化蒙台梭利教具，撰写蒙台梭利教育活动方案（附录 5），在课堂展示并使用“自制蒙台梭利教具评价表”进行小组评价。

七、评价反馈

表 4-4-3　蒙台梭利教具替代制作评价表

要点	小组自评	组间互评	教师评分	得分
制作材料便宜易得，安全性高（20 分）				
造型结实美观、色彩协调（10 分）				

续 表

要点		小组自评	组间互评	教师评分	得分
符合原教具的教育目的（10 分）					
教具具有“错误订正”功能（10 分）					
符合儿童身心发展，对儿童有吸引力（20 分）					
操作演示清楚，制作说明清晰（20 分）					
是否是对原教具的有效替代（10 分）					
总分					
改进建议					

表 4-4-4　自制蒙台梭利教具评价表

要点		小组自评	组间互评	教师评分	得分
制作材料便宜易得，安全性高（20 分）					
造型结实美观、色彩协调（10 分）					
符合蒙台梭利教育理念，能够达成设计的教育目的（10 分）					
教具使用介绍完整，易于操作（10 分）					
符合儿童身心发展，对儿童有吸引力（20 分）					
操作演示清楚，制作说明清晰（20 分）					
教具设计有突出亮点且无重大缺陷（10 分）					
总分					
改进建议					

八、知识点脉络

蒙台梭利教具本土化设计与制作
蒙台梭利教具设计原则
蒙台梭利教具本土化概念
使用生活化材料自制蒙台梭利教具
自制日常生活教具
自制感觉教具
自制数学教具
自制语言教具
自制科学文化教具
设计制作本土化蒙台梭利教具
目标
材料准备
游戏玩法
活动推进

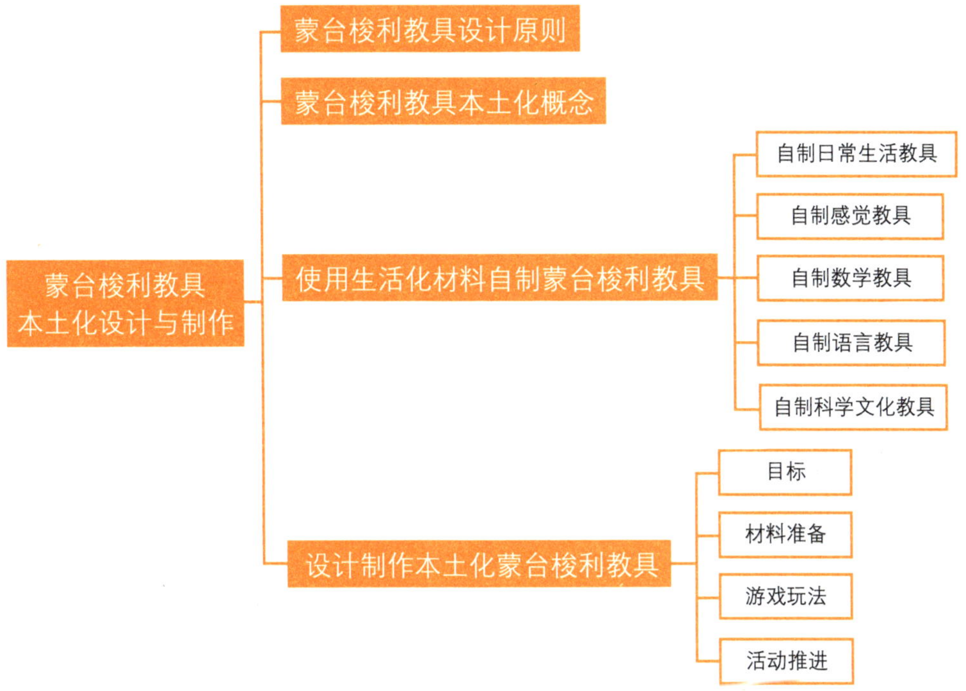

附　录

附录 1　蒙台梭利单元主题活动计划书

附表 1-1　了解幼儿

1. 班级人数：
2. 年龄最小的幼儿：（　）岁（　）个月；年龄最大的幼儿：（　）岁（　）个月
3. 年龄分布：

年龄（岁）	幼儿人数

4. 性别比例：女孩人数（　）人；男孩人数（　）人
5. 学校经验：

时间	人数		
	一般幼儿园、所	蒙台梭利幼儿园	共计
一年以下			
一年			
两年			
两年以上			

6. 技能方面：（以百分比表示）

评估内容	百分比	评估内容	百分比
双手拿着托盘（托盘上有教具）		和他人一起工作	
		倒水	
旋转打开盖子		洗桌子	
使用铅笔、蜡笔		使用水彩画笔	
使用浆糊		用黏土造型	
用剪刀剪纸		依颜色分类	
图卡配对		把薄纸铺在图案上描绘	
临摹写字		单字配对	
写字		阅读短句	
和他人一起游戏		能独立地工作	

7. 家庭状况：（列举并描述）
8. 特殊需要：

（1）个别幼儿的特殊需要？（列举并描述）

（2）班级整体幼儿的特殊需要？（列举并描述）

9. 其他：

附表 1-2　选择主题

1. 主题名称：________________________________

2. 幼儿对这个主题已经知道多少？

____

____

____

____

3. 这个主题隶属于哪个较大范围的主题？________________

4. 这个主题包含哪些较小范围的次主题？

①________________

②________________

③________________

④________________

⑤________________

5. 该主题在未来可延伸出什么主题？

____

____

____

____

____

____

____

____

附表 1-3　设定目标与构思活动

领域	目标	活动
日常生活练习	1. 2. 3.	1. 2. 3. 4. 5. 6.
感觉教育	1. 2. 3.	1. 2. 3. 4. 5. 6.
语言教育	1. 2. 3.	1. 2. 3. 4. 5. 6.
数学教育	1. 2. 3.	1. 2. 3. 4. 5. 6.
科学文化教育	1. 2. 3.	1. 2. 3. 4. 5. 6.

资料来源：周逸芬.蒙特梭利幼儿园单元活动设计课程[M].台北：五南图书出版公司，1997：134.

附表 1-4　活动表

	活动一	活动二	活动三	活动四	活动五	活动六
日常生活						
感觉教育						
语言教育						
数学教育						
文化教育						

资料来源：周逸芬.蒙特梭利幼儿园单元活动设计课程[M].台北：五南图书出版公司，1997：139.

附表 1-5　活动日历表

周一	周二	周三	周四	周五
第一天	第二天	第三天	第四天	第五天
第六天	第七天	第八天	第九天	第十天
第十一天	第十二天	第十三天	第十四天	第十五天
第十六天	第十七天	第十八天	第十九天	第二十天
第二十一天	第二十二天	第二十三天	第二十四天	第二十五天
第二十六天	第二十七天	第二十八天	第二十九天	第三十天

资料来源：周逸芬 . 蒙特梭利幼儿园单元活动设计课程 [M]. 台北：五南图书出版公司，1997：144.

附录 2　蒙台梭利单元主题活动本土化方案

一、主题活动名称

二、设计意图（主题来源）

三、活动总目标

四、活动网络图

五、区域活动材料投放

<table>
<tr><th colspan="3">项目</th><th>内容</th></tr>
<tr><td rowspan="7">环境创设</td><td rowspan="6">活动区域</td><td>语言区</td><td></td></tr>
<tr><td>科学区</td><td></td></tr>
<tr><td>美工区</td><td></td></tr>
<tr><td>音乐区</td><td></td></tr>
<tr><td>角色区</td><td></td></tr>
<tr><td>结构区</td><td></td></tr>
<tr><td colspan="2">情景创设</td><td></td></tr>
<tr><td rowspan="3">资源利用</td><td colspan="2">幼儿园</td><td></td></tr>
<tr><td colspan="2">家长</td><td></td></tr>
<tr><td colspan="2">社区</td><td></td></tr>
</table>

六、具体的活动方案

活动名称（年龄段）

1. 设计意图（包括内容分析、学情分析）

2. 活动目标

3. 活动准备

4. 活动过程

5. 活动延伸

附录 3　蒙台梭利区域活动方案

区域		环境布置
活动区域	日常生活区	
	感觉区	
	数学区	
	语言区	
	科学区	
	美工区	
	音乐区	

附录 4　蒙台梭利区域活动本土化方案

<table>
<tr><th colspan="3">项目</th><th>内容</th></tr>
<tr><td rowspan="10">环境创设</td><td rowspan="9">活动区域</td><td>语言区</td><td></td></tr>
<tr><td>科学区</td><td></td></tr>
<tr><td>益智区</td><td></td></tr>
<tr><td>美工区</td><td></td></tr>
<tr><td>音乐区</td><td></td></tr>
<tr><td>角色区</td><td></td></tr>
<tr><td>建构区</td><td></td></tr>
<tr><td>生活区</td><td></td></tr>
<tr><td>表演区</td><td></td></tr>
<tr><td colspan="2">情景创设</td><td></td></tr>
<tr><td rowspan="3">资源利用</td><td colspan="2">幼儿园</td><td></td></tr>
<tr><td colspan="2">家长</td><td></td></tr>
<tr><td colspan="2">社区</td><td></td></tr>
</table>

附录 5　蒙台梭利教育活动方案

<table>
<tr><td>教具名称</td><td></td><td rowspan="3">教具图样</td><td rowspan="3"></td></tr>
<tr><td>适合年龄</td><td></td></tr>
<tr><td>材料准备</td><td></td></tr>
<tr><td>直接目的</td><td></td><td>间接目的</td><td></td></tr>
<tr><td>基本操作</td><td colspan="3"></td></tr>
<tr><td>注意事项</td><td></td><td>兴趣点</td><td></td></tr>
<tr><td>错误控制</td><td colspan="3"></td></tr>
<tr><td>延伸活动</td><td colspan="3"></td></tr>
</table>

附录 6　蒙台梭利教育活动本土化方案

<table>
<tr><td>活动名称</td><td colspan="3"></td></tr>
<tr><td>活动领域</td><td></td><td>年龄段</td><td></td></tr>
<tr><td>活动目标</td><td colspan="3"></td></tr>
<tr><td>活动准备</td><td colspan="3"></td></tr>
<tr><td>活动过程</td><td colspan="3"></td></tr>
<tr><td>活动延伸</td><td colspan="3"></td></tr>
</table>

参考文献

[1] 索丽珍, 林晖 . 蒙台梭利教育法 [M]. 上海: 上海交通大学出版社, 2017.

[2] 蔡跃 . 职业教育活页式教材开发指导手册 [M]. 上海: 华东师范大学出版社, 2020.

[3] 侯东君 . 砌体工程施工工作页 [M]. 厦门: 厦门大学出版社, 2010.

[4] 蒙台梭利 . 蒙台梭利教育科学方法 [M]. 任代文, 译 . 北京: 人民教育出版社, 2001.

[5] 蒙台梭利 . 童年的秘密 [M]. 李芷怡, 译 . 北京: 北京理工大学出版社, 2015.

[6] 马蕴青, 杨卫娜, 韩君亚 . 蒙台梭利教学法 [M]. 北京: 航空工业出版社, 2020.

[7] 宋文霞, 王翠霞 . 幼儿园一日生活环节的组织策略 [M]. 北京: 中国轻工业出版社, 2012.

[8] 李云淑 . 蒙台梭利区域活动与综合性主题活动相结合的探索 [J]. 上海教育科研, 2006.

[9] 侯莉敏, 罗兰兰, 吴慧源 . 幼儿园学习环境质量与幼儿发展结果的相关分析及其阈值效应 [J]. 学前教育研究, 2021.

[10] 王建平, 郭亚新 . 蒙台梭利环境教育思想与儿童发展关系的理论建构 [J]. 比较教育研究, 2016.

蒙台梭利教具图样

一、蒙台梭利日常生活教具

1. 基本动作练习

五指抓

舀

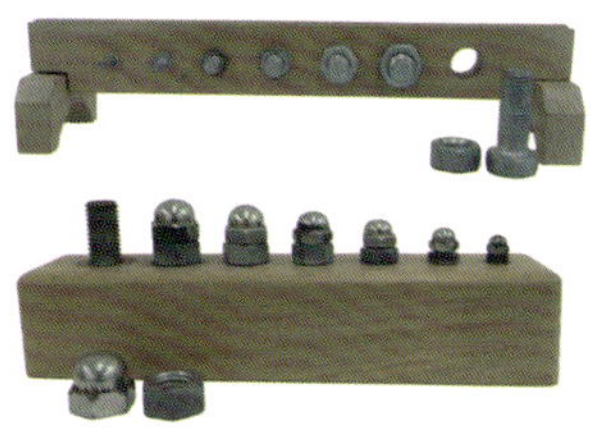

螺母和螺钉

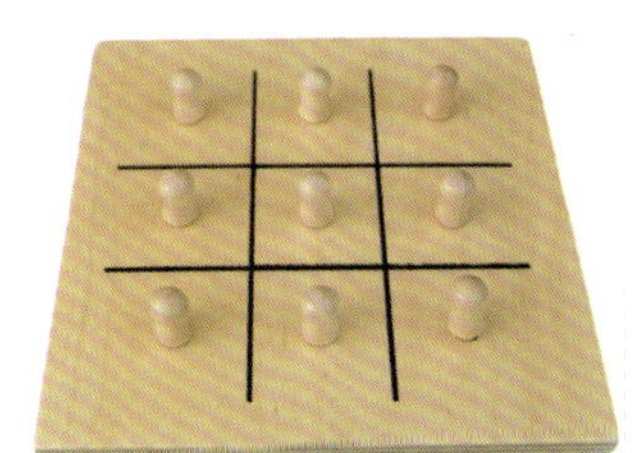

三指抓

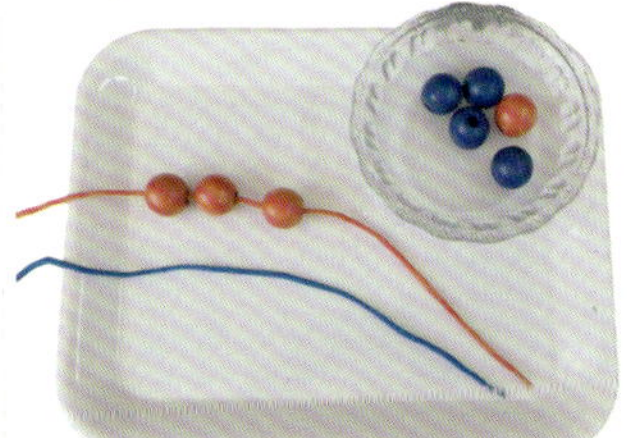

串珠子

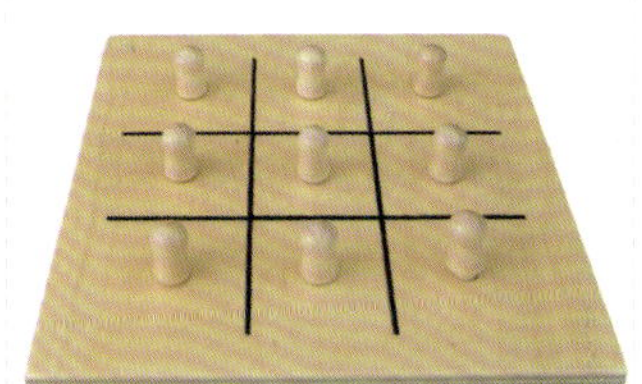

二指抓

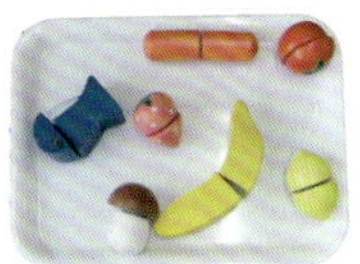

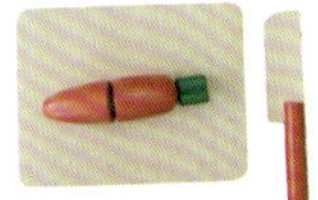

切果蔬

敲钉子

倒水

扫地

2. 照顾自己

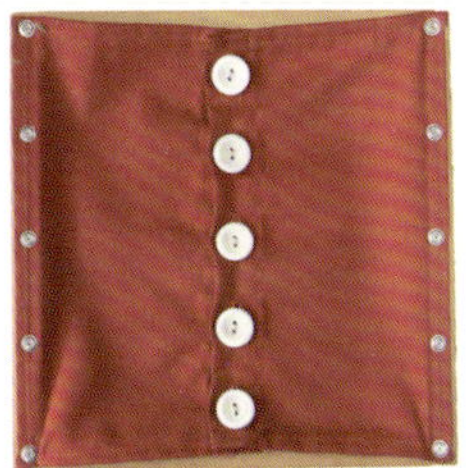
衣饰框——大纽扣

衣饰框——小纽扣

衣饰框——按扣

衣饰框——拉链

衣饰框——皮带扣

衣饰框——蝴蝶结

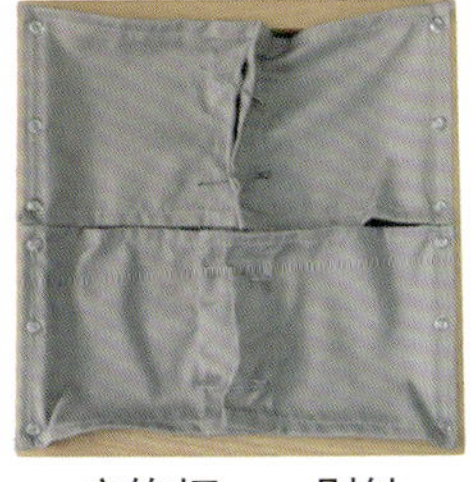
衣饰框——别针

衣饰框——钩扣

衣饰框——子母扣

衣饰框——系带

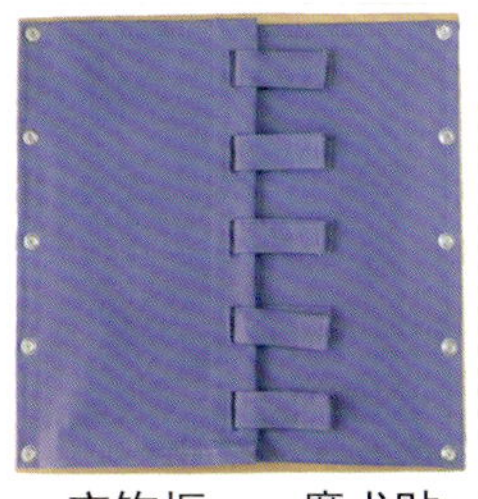
衣饰框——魔术贴

衣饰框——鞋带

3. 社交礼仪

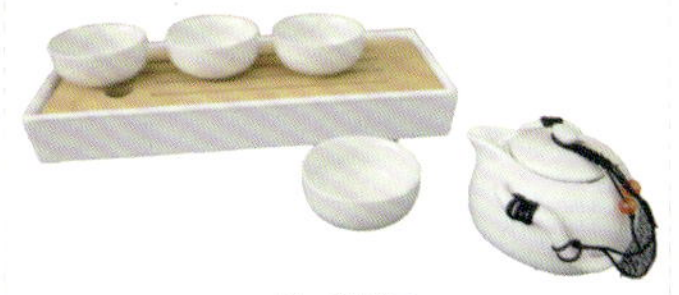
泡茶组

二、蒙台梭利感觉教具

1. 视觉

粉红塔

棕色梯

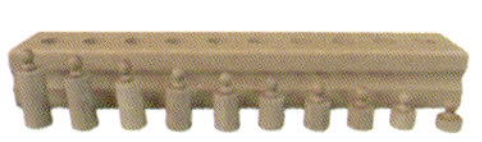
插座圆柱体 A

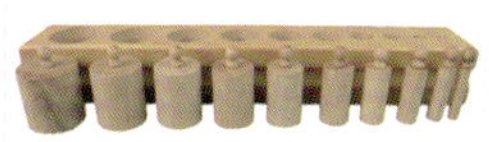
插座圆柱体 B

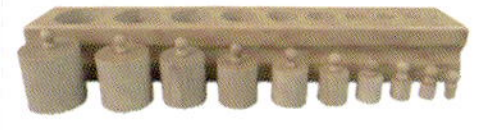
插座圆柱体 C

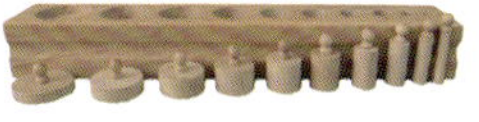
插座圆柱体 D

长棒

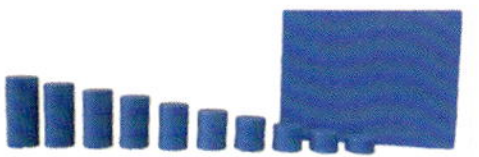
彩色圆柱体 A

彩色圆柱体 B

彩色圆柱体 C

彩色圆柱体 D

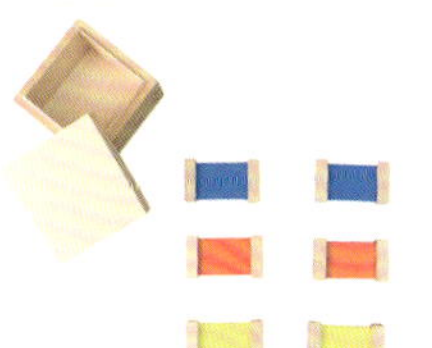
色板 I

色板 II

色板 III

几何图形嵌板

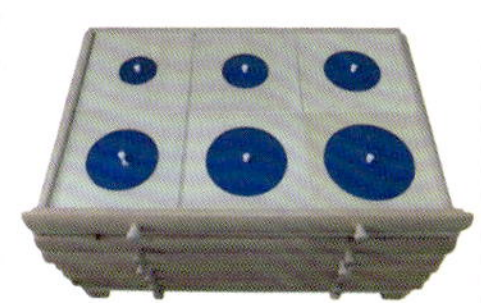
几何图形橱

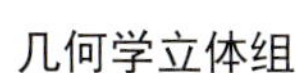
几何学立体组

神秘袋

三角形盒

长方形盒 I

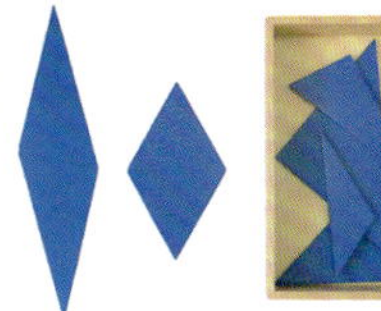

长方形盒 II

大六边形盒

小六边形盒

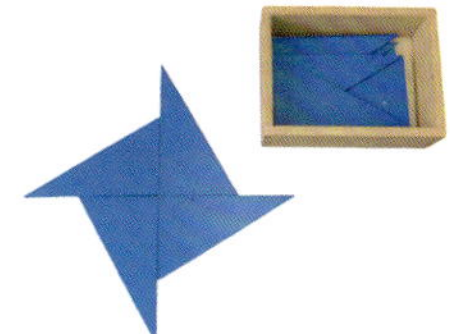

蓝色三角形盒

2. 触觉

触觉板

重量板

温觉板

3. 听觉

音筒

音感钟

4. 味觉

味觉瓶

5. 嗅觉

嗅觉筒

三、蒙台梭利数学教具

1. 1～10 的认识

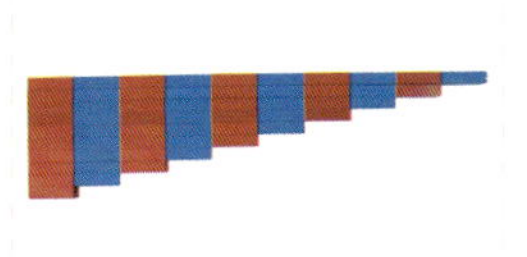
数棒

砂纸数字

数字卡片

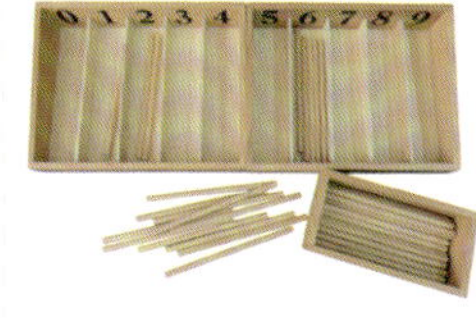

纺锤棒箱

数字与筹码

2. 十进位法 1

彩色串珠梯

金黄串珠组

数字卡片

3. 连续数的认识

塞根板 I

塞根板 II

一百板

4. 十进位法 2

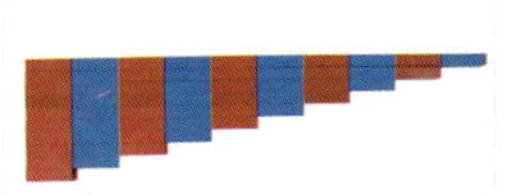
数棒

彩色串珠梯

黑白串珠梯

灰黑串珠梯

数字卡片

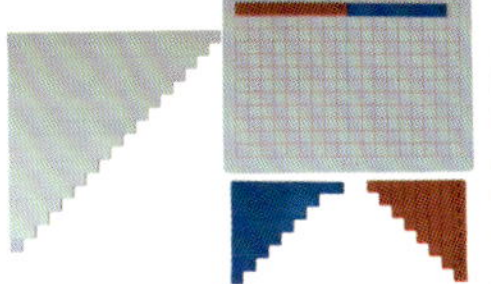
加法板

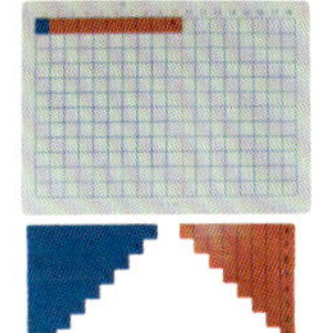
减法板

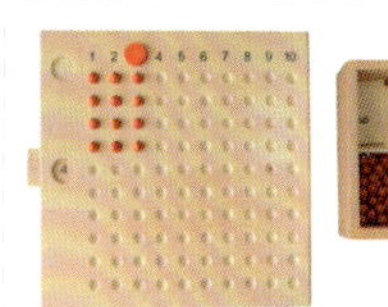

乘法板

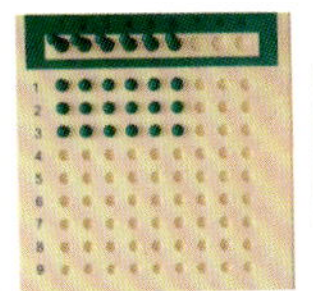
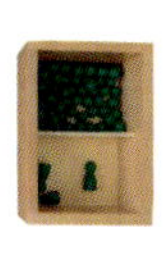
除法板

邮票游戏

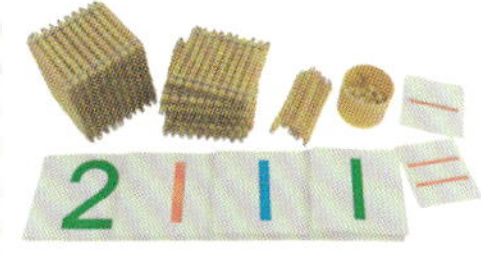
银行游戏

5. 分数的认识

分数小人

四、蒙台梭利语言教具

1. 视觉练习

小熊穿衣

2. 书写练习

几何图形嵌板　　笔画印章　　砂纸笔画板

砂纸偏旁部首板　　汉字数字　　独体字

3. 阅读练习

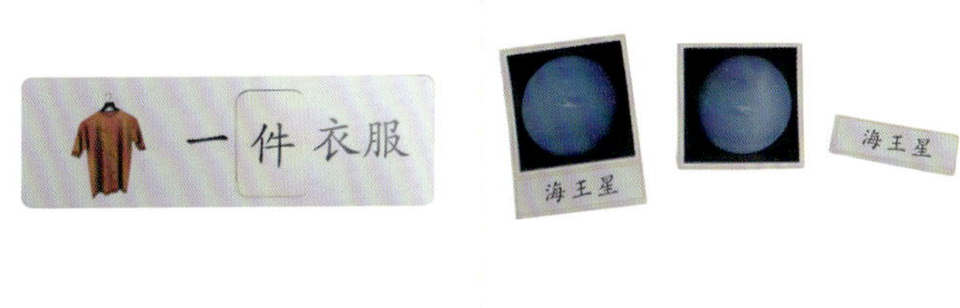

量词卡　　三段卡

五、蒙台梭利科学文化教具

1. 植物学

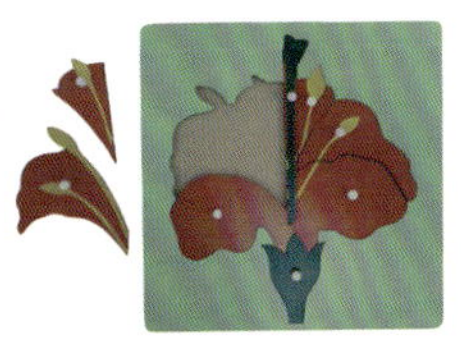

花卉嵌板

2. 动物学

动物嵌板 I

动物嵌板 II

3. 地理学

地球仪 I

地球仪 II

地形图模型

4. 天文学

八大行星嵌板

5. 历史学

时钟

昨天今天明天